O DEVER DE NEUTRALIDADE E AS COMPETÊNCIAS DA ASSEMBLEIA GERAL NA PENDÊNCIA DA OPA

O DEVER DE NEUTRALIDADE E AS COMPETÊNCIAS DA ASSEMBLEIA GERAL NA PENDÊNCIA DA OPA

2023

Filipa Santos Rocha
Assistente Convidada da Faculdade de Direito
da Universidade de Lisboa

ALMEDINA

O DEVER DE NEUTRALIDADE E AS COMPETÊNCIAS DA ASSEMBLEIA GERAL NA PENDÊNCIA DA OPA

AUTORA
Filipa Santos Rocha

EDITOR
EDIÇÕES ALMEDINA, S.A.
Avenida Emídio Navarro, 81, 3D
3000-151 Coimbra
Tel.: 239 851 904 · Fax: 239 851 901
www.almedina.net · editora@almedina.net

DESIGN DE CAPA
EDIÇÕES ALMEDINA, S.A.

PRÉ-IMPRESSÃO
Patrícia Boleto

IMPRESSÃO E ACABAMENTO
AAAAAAAAA

Junho, 2023

ISBN
????

DEPÓSITO LEGAL
000000/23

ALMEDINA | GRUPOALMEDINA

NOTA PRÉVIA

O estudo agora publicado corresponde ao relatório apresentado sob o título «O dever de neutralidade e as competências da assembleia geral na pendência da OPA», no seminário de Direito dos Valores Mobiliários, lecionado pelo Professor Doutor José Ferreira Gomes, no âmbito do mestrado em Ciências Jurídicas da Faculdade de Direito da Universidade de Lisboa, no ano letivo de 2021/2022.

Ao texto original foram feitas ligeiras alterações. No entanto, o texto permanece, no essencial, tal como apresentado enquanto relatório de mestrado e, como tal, marcado pelas limitações de um trabalho dessa natureza.

ÍNDICE

ABREVIATURAS E NOTA DE LEITURA

AktG – *Aktiengesetz*
BGB – *Bürgerliches Gesetzbuch*
BGH – *Bundesgerichtshof*
BMJ – Boletim do Ministério da Justiça
CC – Código Civil
Cfr. – Confrontar
Cit. – Citado
Coord. – Coordenação
CSC – Código das Sociedades Comerciais
CVM – Código dos Valores Mobiliários
DSR – Direito das Sociedades em Revista
GmbH – *Gesellschaft mit beschränkter Haftung*
n. m. – Número marginal
OPA – Oferta Pública de Aquisição
RDS – Revista de Direito das Sociedades
RLJ – Revista de Legislação e de Jurisprudência
ROA – Revista da Ordem dos Advogados
Vol. – volume
WpHG – *Wertpapierhandelsgesetz*
WpÜG – *Wertpapiererwerbs- und Übernahmegesetz*
ZBB – *Zeitschrift für Bankrecht und Bankwirtschaft*
ZGR – *Zeitschrift für Unternehmens- und Gesellschaftsrecht*
ZHR – *Zeitschrift für das gesamte Handels- und Wirtschaftsrecht*
ZIP – *Zeitschrift für Wirtschaftsrecht*

Todas as disposições legais não acompanhadas de indicação da respetiva fonte pertencem ao Código de Valores Mobiliários, aprovado pelo Decreto-Lei n.º 486/99, de 13 de novembro, com as alterações subsequentes até à Lei n.º 99-A/2021, de 31 de dezembro.

§ 1.º

INTRODUÇÃO E DELIMITAÇÃO DO OBJETO DE ESTUDO; INDICAÇÃO DA SEQUÊNCIA

1.1 Introdução

Em matéria de ofertas públicas de aquisição (doravante, "OPA") diversos são os problemas que se colocam. Por um lado, porque a regulação que encontra no Código de Valores Mobiliários, nas normas que transpõem a Diretiva 2004/25/CE do Parlamento Europeu e do Conselho, de 21 de abril de 2004 (doravante "Diretiva das OPA"), suscita mais dúvidas que certezas; por outro, porque se trata de uma figura cujos contornos específicos oscilam mediante o ordenamento jurídico em causa c onde a sua regulação varia tendo em conta as concretas coordenadas mobiliárias e societárias internas de cada Estado-membro da União Europeia. Assim o é porque a Diretiva das OPA se caracteriza por ser de harmonização mínima, permitindo aos estados que a devam adotar, desde que com respeito dos seus princípios fundamentais, estabelecer condições adicionais e disposições mais restritivas do que as exigidas pela Diretiva para regulamentar as ofertas (artigo 3.º, n.º 2, alínea b) da Diretiva das OPA).

As OPA são, desde logo, ofertas destinadas à aquisição de valores mobiliários [artigo 2.º n.º 1, alínea a)] e que visam o controlo de uma determinada sociedade[1] – a sociedade visada. Todavia, estas podem ser aceites pelos administradores – sendo, neste caso, amigáveis –, ou por aqueles rejeitadas – caso

[1] As OPA visam a aquisição da totalidade ou da maioria dos valores mobiliários a que se dirigem, justamente porque o seu objetivo se prende com a obtenção do controlo da sociedade visada. Razão pela qual, como salienta Orlando Vogler Guiné, *Da conduta (defensiva) da administração "opada"*, Almedina, Coimbra, 2009, p. 19, "[...]os valores mobiliários serão essencial ou exclusivamente acções com direito de voto, uma vez que é através do exercício do direito de voto que, no pressuposto do sucesso da OPA, o oferente virá a dominar a sociedade visada".

em que serão hostis[2]. São estas últimas que maiores tensões provocam e a que dedicaremos mais atenção.

O estudo centrado em torno das OPA, especialmente quando hostis, passa, na maioria dos casos, pelo estudo das medidas de defesa contra aquelas concretas ofertas, identificando-se e caracterizando-se as diversas medidas defensivas existentes[3]. Remetemos para esses estudos a diferença entre essas mesmas medidas[4], não cabendo nesta sede o seu tratamento, sem prejuízo de breves referências em texto.

O objeto do presente estudo prende-se com um aspeto específico do regime das OPA, nomeadamente com o dever de neutralidade que impende sobre o órgão de administração da sociedade visada pela oferta. Nos termos do artigo 182.º, n.º 1, «a partir do momento em que tome conhecimento da decisão de lançamento de oferta pública de aquisição que incida sobre mais de um terço dos valores mobiliários da respetiva categoria e até ao apuramento do resultado ou até à cessação, em momento anterior, do respetivo processo, o órgão de administração da sociedade visada não pode praticar atos suscetíveis de alterar de modo relevante a situação patrimonial da sociedade visada que não se reconduzam à gestão normal da sociedade e que possam afetar de modo significativo os objetivos anunciados pelo oferente».

Resulta do exposto que o conselho de administração da sociedade visada – ainda que seja a este órgão que cabe, em geral, praticar todos os atos de gestão da sociedade – tem o dever de não praticar determinados atos de gestão,

[2] Cfr. António Menezes Cordeiro, "Da tomada de sociedades (takeover): efectivação, valoração e técnicas de defesa", in *ROA*, 54, 1994, vol. III, pp. 761-777, p. 767. Sobre ofertas públicas de aquisição, em geral, na doutrina portuguesa, veja-se, entre outros, Paulo Câmara, "As ofertas públicas de aquisição", in *Aquisição de empresas*, Coimbra Editora, Coimbra, 2011, pp. 157-210; ID – *Manual de direito dos valores mobiliários*, Almedina, Coimbra, 2018, pp. 666 e ss; Orlando Vogler Guiné, *Da conduta (defensiva) da administração "opada"*, cit., pp. 15 e ss; Paula Costa e Silva, "Ofertas públicas", in *Direito dos Valores Mobiliários e dos Mercados de Capitais – Angola, Brasil e Portugal*, coord. A. Barreto Menezes Cordeiro e Francisco Satiro, Almedina, Coimbra, 2019, pp. 157-184.

[3] Cfr. infra §2.º.

[4] Veja-se, por todos, Orlando Vogler Guiné, *Da conduta (defensiva) da administração "opada"*, cit., pp. 31-59, onde o autor agrupa as medidas em (i) operações sobre ativos da sociedade visada; (ii) operações sobre ativos de terceiro; (iii) emissão de valores mobiliários; (iv) lobbying; e (v) desproporção entre capital e controlo – identificando, para cada uma delas, medidas defensivas específicas. Na literatura estrangeira, Jennifer G. Hill, "Takeovers, Poison Pills and Protectionism in Comparative Corporate Governance", Law Working Paper n.º 168/2010, November, 2010, University of Sydney, pp. 3 e ss; Patrick Gaughan, *Mergers, Acquisitions, and Corporate Restructurings*, 7.ª ed., University Editions, Johan Wiley Corporate F&A, 2017, pp. 183 e ss.

no período referido na primeira parte do artigo 182.º, n.º 1[5]. Porém, o presente texto não se limita ao estudo dos atos proibidos de acordo com aquela norma, mas antes ao tratamento da articulação entre este dever e as competências que cabem à assembleia geral durante este mesmo período[6].

Se, como vimos, à luz do disposto no artigo 182.º, n.º 1, os membros do conselho de administração, na pendência da OPA, não podem praticar determinados atos de gestão, esta proibição pode ser afastada mediante uma deliberação da assembleia geral, nos termos do artigo 182.º, n.º 3, alínea b), que os autorize à prática desses mesmos atos. A articulação entre estes dois preceitos coloca em evidência um tema que não é típico do Direito dos valores mobiliários, mas antes do Direito societário em geral: a distribuição de competências entre o conselho de administração e a assembleia geral

[5] Estamos perante um dever do conselho de administração e não da limitação da sua competência, ao contrário da epígrafe, mais que enganadora, do artigo 182.º. O mesmo significa que estamos perante uma norma de conduta e não de uma norma de competência. A norma regula o comportamento dos membros do conselho de administração, sendo estes os sujeitos sobre quem a norma se projeta. Trata-se de uma norma cujo modo deôntico é uma proibição: no enunciado *a partir do momento em que tome conhecimento da decisão de lançamento de oferta pública de aquisição que incida sobre mais de um terço dos valores mobiliários da respetiva categoria e até ao apuramento do resultado ou até à cessação, em momento anterior, do respetivo processo* [previsão], *o órgão de administração* [sujeito a que se dirige a norma] *não pode* [operador deôntico – proibição] *praticar atos suscetíveis de alterar de modo relevante a situação patrimonial da sociedade visada que não se reconduzam à gestão norma da sociedade e que possam afetar de modo significativo os objetivos anunciados pelo oferente* [estatuição]. Do enunciado normativo resulta o sentido de dever ser, uma forma de regular a conduta dos membros do conselho de administração da sociedade visada. Não se confunda, portanto, com uma norma de competência ou, neste caso, com uma norma limitadora da competência do conselho de administração. Sobre a distinção veja-se, entre nós, David Duarte, *A norma de legalidade procedimental administrativa. A teoria da norma e a criação de normas de decisão na discricionariedade instrutória*, Almedina, Coimbra, 2006, pp. 108-128, em especial p. 116, n. 34, onde salienta que "As normas de competência não se reportam à conduta, como parece claro, porque apenas facultam à criação de normas e decisões sobre determinada matéria, estabelecendo apenas uma *autorização* para alterar o ordenamento jurídico. As normas de competência também não são normas de conduta, porque não se reportam a uma acção, mas, como se verá, a um domínio material no qual o ordenamento pode ser alterado. [...] A especificidade das normas de competência está, assim, em estabelecerem a base ou o suporte da criação de efeitos deônticos, constituindo as normas que o conjunto compreende para veicular a sua própria modificação". A distinção entre uma e outras não é feita aqui em vão. A clara identificação do previsto no artigo 182.º, n.º 1 como uma norma de conduta terá implicações, como veremos *infra*, no que diz respeito as consequências da violação deste *dever* do conselho de administração da sociedade visada (§ 5.º).

[6] Cfr. *infra* §3.º.

e a sua justificação[7]. Questiona-se, assim, porque compete à assembleia geral autorizar, à luz daquele preceito, a prática de atos de gestão que não devem ser praticados pelo conselho de administração no período referido na primeira parte do artigo 182.º, n.º 1, analisando-se as vicissitudes a que pode estar sujeita aquela deliberação.

O tema reveste, sob este prisma, uma importância acrescida na medida em que, como veremos, os estudos sobre a matéria têm sido, na sua maioria, alvo de desenvolvimento sempre, e apenas, sob o prisma do dever que impende sob o conselho de administração[8]. Por outro lado, estamos em crer que o seu tratamento tem revelado inúmeras imprecisões porquanto os autores que sobre ele se têm pronunciado partem da ideia – muitas vezes pouco fundamentada – de que o dever de neutralidade a que o conselho de administração se encontra adstrito se destina à tutela de dois interesses distintos: os interesses dos acionistas da sociedade visada e os interesses do oferente[9]. A identificação da razão justificativa da norma com a tutela destes dois interesses inquina, logo à partida, todas as soluções posteriormente encontradas, nomeadamente no que diz respeito à matéria atinente à violação do referido

[7] A autonomia do Direito dos valores mobiliários face ao Direito societário não é tema novo. Todavia, não o iremos desenvolver na medida em que o seu desenvolvimento extravasa o objetivo do presente estudo. No entanto, há que salientar que apesar de nos encontrarmos num tema que diz respeito ao Direito dos valores mobiliários não nos podemos esquecer nunca de que – e apesar da sua autonomia, que reconhecemos à semelhança de PAULA COSTA E SILVA, *Direito dos Valores Mobiliários*. Relatório, Lisboa, 2005, pp. 110 e ss – estamos sempre a lidar com sociedades comerciais – ainda que cotadas – e, por isso mesmo, também com coordenadas societárias que não deixam de ter relevância apenas porque nos movemos no seio mobiliário. O correto tratamento do tema ora em análise não pode, por isso mesmo, ser feito sem que se atente ao Direito societário em geral, nomeadamente no que diz respeito à repartição de competências entre os diversos órgãos societários. O tema referente à repartição de competências entre um órgão e outro não é novo, mas do que conseguimos apurar, não é tratado a este propósito. Salientando igualmente, na doutrina alemã, que a matéria referente ao dever de neutralidade se encontra numa área de tensão entre o Direito societário e o Direito mobiliário veja-se ANDREAS W. DIMKE / KRISTIAN J. HEISER, "Neutralitätspflicht, Übernahmegesetz und Richtlinienvorschlag 2000", in *NZG*, 2001, 241-259, segundo os quais se deve reconhecer autonomia ao Direito do mercado de capitais mas que, especialmente no que toca a matéria referente a aquisições de empresas, não se pode desconsiderar a tensão existente entre o Direito societário em geral e o Direito mobiliário. De forma próxima, PAUL DAVIES/ EDMUND-PHILIPP SCHUSTER/ EMILIE VAN DE WALLE GHELCKE, "The Takeover Directive as a Protectionist Tool?", Law Working Paper n.º 141/2010, February 2010, p. 4.

[8] Cfr. *infra* §3.º.

[9] Cfr. *infra* §3.º.

dever. Assim, a compreensão da própria competência da assembleia geral, bem como do dever de neutralidade do conselho de administração só é possível à luz de uma correta interpretação do artigo 182.º, n.º 1.

1.2 Sequência

O lançamento de uma OPA faz frequentemente surgir um foco de tensão entre o conselho de administração e os sócios da sociedade visada. O artigo 182.º, n.º 1, procura regular esses conflitos de interesses, adstringindo o conselho de administração da sociedade visada a um dever de neutralidade (*passivity rule*), o qual proíbe os administradores de praticar certos atos de gestão, *salvo se autorizados pela assembleia geral.*

Partindo da análise do dever de neutralidade (§2.º), e, em particular da sua extensão e da sua teleologia, este estudo analisa a extensão da competência da assembleia geral para autorizar a prática daqueles atos (§3.º) e as vicissitudes a que podem ser sujeitas (§4.º). Analisa-se, *v.g.*, as diversas exigências a que as deliberações de autorização estão sujeitas, bem como os problemas relativos às inibições de voto por conflito de interesses e à vinculação dos administradores às deliberações da assembleia geral.

Por fim, tratando-se o dever de neutralidade um dever que impende sobre os membros do conselho de administração, este estudo não ficaria concluído sem o tratamento das consequências decorrentes do incumprimento daquele dever (§5.º), analisando-se, neste sentido, a responsabilidade civil dos administradores perante a sociedade, bem como a responsabilidade civil destes perante os sócios e a sua destituição com justa causa.

§ 2.º

O DEVER DE NEUTRALIDADE DOS ADMINISTRADORES NA PENDÊNCIA DA OPA

2. A *ratio* da imposição de um dever de neutralidade aos administradores da sociedade visada, nos termos do artigo 182.º, n.º 1

O dever de neutralidade dos administradores na pendência de uma OPA tem sido alvo de atenção por parte da doutrina sempre do prisma da análise da proibição do exercício dos atos de gestão pelos membros do órgão de administração elencados, ou aparentemente elencados, no artigo 182.º, n.º 1[10].

[10] Sobre o tema, veja-se, entre outros ANTÓNIO SOARES/RITA OLIVEIRA PINTO, "Os deveres do órgão de administração da sociedade visada na pendência de uma oferta pública de aquisição", in *Estudos em homenagem ao Professor Doutor Carlos Ferreira de Almeida*, vol. I, Almedina, Coimbra, 2011, pp. 861-877; JORGE BRITO PEREIRA, "A limitação dos poderes da sociedade visada durante o processo de OPA", in *Direito dos Valores Mobiliários*, vol. II, Coimbra Editora, Coimbra, 2000, pp. 175-202; ORLANDO VOGLER GUINÉ, *Da conduta (defensiva) da administração "opada"*, cit., pp. 133 e ss; JOÃO CUNHA VAZ, *A OPA e o controlo societário. A regra de não frustração*, Almedina, Coimbra, 2013, pp. 177 e ss; JOÃO SOUSA GIÃO, *A neutralização de medidas defensivas preventivas no contexto de uma oferta pública de aquisição*, Relatório de Mestrado 2006/2007, policopiado, pp. 13 e ss; ALEXANDRE DE SOVERAL MARTINS, "Poderes dos administradores e OPA: "em bolandas" entre o art. 182.º do CVM e o art. 409.º do CSC", in *DSR*, ano 9, v. 17, (mar. 2017), Almedina, Coimbra, pp. 87-111; PAULO CÂMARA, "As ofertas públicas de aquisição", cit., pp. 157-210; ANTÓNIO MENEZES CORDEIRO, "A 13.ª Directriz do Direito das Sociedades (Ofertas Públicas de Aquisição)", in *ROA*, 64, vol. I/II, 2004, pp. 97-111. Na doutrina alemã, HOLGER ALTMEPPEN, "Neutralitätspflicht und Pflichtangebot nach dem neuen Übernahmerecht", in *ZIP* 2001, pp. 1073-1084; WALTER BAYER , "Vorsorge und präventive Abwehrmaßnahmen gegen feindliche Übernahmen", in *ZGR* 2002, pp. 588-622; DIETRICH BECKER , "Verhaltenspflichten des Vorstands der Zielgesellschaft bei feindlichen Übernahmen", in *ZHR* 165 (2001), pp. 280-287; ANDREAS CAHN/ MICHAEL SENGER , "Das Gesetz zur Regelung von öffentlichen Angeboten zum Erwerb von Wertpapieren und Unternehmensübernahmen", in *FB* 2002, pp. 277-295; ANDREAS DIMKE/KRISTIAN HEISER, "Neutralitätspflicht, Übernahmegesetz e Richtlinienvorschlag 2000", cit., pp. 241-259; TIM DRYGALA , "Die neue deutsche Übernahmeskepsis und ihre

Mais concretamente, o tema ora em análise, quando tratado pela doutrina, incide primacialmente sobre as diversas medidas defensivas que podem ou não ser praticadas pelo conselho de administração, bem como sobre a responsabilidade dos membros do conselho de administração pela violação do dever de neutralidade. Tal desenvolvimento doutrinal terá na sua base, não apenas, mas também, a enorme querela em torno da consagração deste dever. A imposição de um dever de neutralidade aos membros do órgão de administração da sociedade visada foi um dos temas mais controversos e debatidos no processo legislativo europeu respeitante à Diretiva das OPA[11].

Auswirkungen auf die Vorstandspflichten nach §33 WpÜG", in *ZIP* 2001, pp. 1861 e ss; CARSTEN THOMAS EBENROTH/ THOMAS DAUM, "Die Kompetenzen des Vorstands einer Aktiengesellschaft bei der Durchführung und Abwehr unkoordinierter Übernahmen", in *DB* 1991, 1105-1111; JENS EKKENGA , "§33 WpÜG: Neutralitätsgebot und Grundsatz der Abwehrbereitschaft?", in *Festschrift für Siegfried Kümpe* 1 (2003), 95-110; KLAUS HOPT, "Verhaltenspflichten des Vorstands der Zielgesellschaft bei feindlichen Übernahmen", in *Deutsches und europäisches Gesellschafts-, Konzern- und Kapitelmarktrecht, Festschrift für Marcus Lutter zum 80. Geburtstag*, Schneider, Uwe/Hommelhoff, Peter/ Schmidt, Karsten/Timm, Wolfram/Grunewald, Barbara/Drygala, Tim (Hrsg.), Köln 2000, pp. 1361--1400; GEORG MAIER-RIEMER, "Verhaltenspflichten des Vorstands der Zielgesellschaft bei feindlichen Übernahmen", in *Zeitschrift für das gesamte Handelsrecht und Wirtschaftsrecht* 165 (2001), pp. 258-279.

[11] Cfr. ANTÓNIO SOARES/RITA OLIVEIRA PINTO, "Os deveres do órgão de administração da sociedade visada na pendência de uma oferta pública de aquisição", cit., p. 874. Para um maior desenvolvimento acerca da discussão entre os diversos estados-membro até à aprovação da Diretiva das OPA, veja-se, para além do *Report of the High Level Group of Company Law Experts on Issues Relates to Takeover Bids*, Brussels, 10 January 2002, pp. 13 e ss, JOÃO CUNHA VAZ, *A OPA e o controlo societário. A regra de não frustração*, cit., p. 94 e ss, em especial nota 158. Em causa estava, nomeadamente, a existência de uma série de diferenças entre os diversos estados-membros no que respeitava ao direito das sociedades que levava à difícil articulação entre os mesmos, em especial preocupações referentes à regra da não frustração – ou dever de neutralidade –; ao receio de abrir as portas das sociedades europeias às sociedades norte americanas e ainda, tal foi o caso da Alemanha, a preocupação com a aparente insuficiente proteção prevista para os trabalhadores das sociedades visadas. Todavia, foi a regra da não frustração da oferta – ou dever de neutralidade – que mais dúvidas gerou. As diferentes preocupações dos diversos estados-membros, oriundas das diferenças entre os princípios societários fundamentais que eram reconhecidos em cada um, levou a que o processo se alongasse desde 1990 – data em que a Comissão apresentou a Proposta alterada de décima terceira diretiva do Conselho em matéria de direito das sociedades relativa às ofertas públicas de aquisição – até 2004 – onde foi publicada a versão final do diploma (cfr. JOÃO CUNHA VAZ, *A OPA e o controlo societário. A regra de não frustração*, cit., p. 94 e ss, em especial nota 158). Reconhece-se, neste domínio, a enorme importância atribuída ao *Relatório Winter I*, que veio, em 2002, postular a necessidade de um *level playing field* nesta matéria e de onde saíram os dois princípios fundamentais em matéria de OPA: (i) primado dos acionistas (cfr. *Report of the High Level Group of Company Law Experts on Issues Relates to Takeover Bids*, p. 2: «*In the event of a takeover bid the ultimate decision must be with the shareholders. They should always be able to decide whether to tender their shares to a bidder and for what price. It is not for the board of a company to decide whether a takeover bid for the shares in the*

company should be successful or not. This is not to say that the board has no responsibility at all in the context of a takeover bid); (ii) proporcionalidade entre o capital e o controlo acionista (cfr. *Report of the High Level Group of Company Law Experts on Issues Relates to Takeover Bids*, p. 3: «*In the Group's view, proportionality between ultimate economic risk and control means that share capital which has an unlimited right to participate in the profits of the company or in the residue on liquidation, and only such share capital, should normally carry control rights, in proportion to the risk carried. The holders of these rights to the residual profits and assets of the company are best equipped to decide on the affairs of the company as the ultimate effects of their decisions will be borne by them. This report will use the term 'risk-bearing capital' to refer to this concept. The holder of the majority of risk-bearing capital should be able to exercise control. Capital and control structures in a company which grant disproportionate control rights to some shareholder(s) should not operate to frustrate an otherwise successful bid for the risk-bearing capital of the company. The concept of risk-bearing capital used here does not include those preference shares which have no exposure to the surplus but only carry a limited right to distributions of profits and on liquidation*»). Uma das maiores dificuldades na aprovação da Diretiva residia, como vimos, no dever de neutralidade imposto ao conselho de administração da sociedade visada, impedindo que os membros daquele órgão tomassem determinadas medidas de gestão – cfr. Brandi, in *Wertpapiererwerbs- und Übernahmegesetz (WpÜG)*, hsrg. Angerer/Geibel/Süßmann, 3. Auflage, 2017, §33, n. m. 2. Apenas com o estabelecimento daquele *level playing field* foi possível avançar no caminho para a aprovação da Diretiva. Um dos mecanismos destinados a amenizar a discussão acerca daquela regra foi o modelo de opção previsto no artigo 12.º da Diretiva, segundo o qual os estados-membros «podem reservar o direito de não exigir que as sociedades a que se refere o n.º 1 do artigo 1.º, com sede social nos respetivos territórios, apliquem o disposto nos n.os 2 e 3 do artigo 9.º e/ou no artigo 11.º», isto é, a opção pelo afastamento do dever de neutralidade dos administradores da sociedade visada. Neste sentido, as sociedades podem optar por um sistema de *opt-in* ou de *opt-out*, consoante queiram afastar o dever de neutralidade tal como previsto na Diretiva ou adotá-lo na sua plenitude. A opção de escolha do regime aplicável permitiu um maior consenso entre os estados, levando à aprovação da Diretiva como hoje a conhecemos. A título de exemplo, compare-se a transposição da Diretiva para o ordenamento jurídico português e para o ordenamento jurídico alemão no que a este ponto diz respeito. No primeiro, a transposição da Diretiva resultou no artigo 182.º, n.º 1, segundo o qual se adota na plenitude a consagração deste dever; no segundo, o legislador alemão fez uso da opção de afastamento do disposto no artigo 9.º da Diretiva, estabelecendo no §33 WpÜG que será aplicado caso as sociedades não utilizem a prerrogativa que lhes é concedida pelo §33a I (1) WpÜG, segundo o qual os estatutos da sociedade alvo podem prever que o §33 WpÜG não se aplica – veja-se, sobre este, Brandi, in *Wertpapiererwerbs- und Übernahmegesetz (WpÜG)*, cit., §33a, n. m. 1-4. Nos termos do §33 WpÜG, apenas parcialmente se adota o disposto no artigo 9.º da Diretiva, sendo permitida a prática de atos de gestão que teriam sido praticados por um administrador prudente e consciencioso de uma sociedade não afetada pela oferta, bem como dos atos aprovados pelo conselho fiscal e aqueles que tenham sido autorizados pela assembleia geral com até 18 meses de antecedência (§33 II WpÜG). Esta solução afasta-se da estabelecida no artigo 9.º, n.º 2, primeiro parágrafo, da Diretiva, na medida em que nos termos daquele parágrafo se permite a prática de determinados atos de gestão que, à partida, segundo a Diretiva seriam vedados. Caso a sociedade visada estabeleça nos seus estatutos o afastamento da aplicação do §33 WpÜG, por via do §33a I 1 WpÜG, aplicar-se-á o disposto no n.º 2 daquele mesmo parágrafo. Mais concretamente, após a publicação da decisão de apresentação da oferta e até à publicação do resultado, o conselho de administração e o conselho fiscal da sociedade visada não podem praticar quaisquer atos que impeçam o êxito da oferta,

Nos termos do artigo 182.º, n.º 1, repise-se, «a partir do momento em que tome conhecimento da decisão de lançamento de oferta pública de aquisição que incida sobre mais de um terço dos valores mobiliários da respetiva categoria e até ao apuramento do resultado ou até à cessação, em momento anterior, do respetivo processo, o órgão de administração da sociedade visada não pode praticar atos suscetíveis de alterar de modo relevante a situação patrimonial da sociedade visada que não se reconduzam à gestão normal da sociedade e que possam afetar de modo significativo os objetivos anunciados pelo oferente». Está aqui presente o comummente designado dever de neutralidade, de passividade (*passivity rule*) ou de não frustração da OPA[12]. Sem prejuízo de posterior dissecação do presente neste artigo, cumpre, em primeiro lugar, identificar a sua teleologia.

O artigo 182.º, n.º 1, é, desde logo, fruto da transposição da Diretiva das OPA. Segundo o seu artigo 9.º, n.º 2, «no período referido no segundo parágrafo, o órgão de administração da sociedade visada é obrigado a obter a autorização prévia da assembleia-geral de accionistas para o efeito antes de

não se aplicando, todavia, a atos autorizados pela assembleia geral após a publicação da decisão de apresentação da oferta; aos atos dentro das "operações comerciais normais"; e aos atos fora do curso normal dos negócios, na medida em que sirvam para implementar decisões tomadas e parcialmente implementadas antes da publicação da decisão de apresentação da oferta, bem como à procura de ofertas concorrentes. Este último estabelece um dever mais restritivo face ao §33 WpÜG à semelhança do disposto no artigo 9.º, n.º 2, da Diretiva. Para uma compreensão acerca dos esforços de harmonização do regime das OPA, veja-se ainda Berglöf/Burkart, "European Takeover Regulation", in *Economic Policy*, vol. 36, 2003, pp. 171-213, pp. 189-191; Klaus Hopt, "Takeover Regulation in Europe. The battle for the 13th directive on takeovers", in *Australian Journal of Corporate Law*, vol. 15, 2002, pp. 8 e ss; Vanessa Edwards, "The Directive on Takeover Bids. Not Worth the Paper It's Written On?", in *European Company and Financial Law Review*, vol. 1, n.º 4, 2004, pp. 416 e ss; Paul Davies/ Edmund-Philipp Schuster/ Emilie van de Walle Ghelcke, "The Takeover Directive as a Protectionist Tool?", Law Working Paper n.º 141/2010, February 2010, pp. 3 e ss.

[12] Cfr. José Ferreira Gomes/Diogo Costa Gonçalves, *Manual de sociedades abertas e de sociedades cotadas*, vol. I, Almedina, Coimbra, 2018, p. 119; João Cunha Vaz, *A OPA e o controlo societário. A regra de não frustração*, cit., p. 102. No ordenamento jurídico alemão, a terminologia varia entre *Neutralitätspflicht*, *Stillhaltegebot*, *Behinderungsverbot* e *Vereitelungsverbot*. Veja-se, Holger Fleischer/ Susanne Kalss, *Das neue Wertpapierewerbs- und Übernahmegesetz*, Beck, München, 2012, §33, p. 120. Em sentido contrário, no sistema jurídico norte-americano, vigora a denominada *just-say-no rule*, onde os membros do órgão de administração têm uma maior liberdade para resistir a uma OPA indesejada, cfr., a título de exemplo, J. Armour/Skeel, "Who Writes the Rules for Hostile Takeovers, and Why? – The Peculiar Divergence of US and UK Takeover Regulation", ECGI Law Working Paper n.º 73/2006, pp. 1727-1794, p. 1736, "target bidders have extensive discretion – particularly if they wish to "just say no" to any bid to acquire the company".

empreender qualquer ação suscetível de conduzir à frustração da oferta, excetuando a procura de outras ofertas e, nomeadamente, antes de proceder a qualquer emissão de valores mobiliários suscetíveis de impedir de forma duradoura que o oferente assuma o controlo da sociedade visada». Uma breve comparação entre o disposto no artigo 182.º, n.º 1, e o disposto no artigo 9.º, n.º 2, da Diretiva das OPA, denota, desde logo, que o legislador português aparentemente estabeleceu requisitos adicionais face ao presente na Diretiva das OPA: enquanto na Diretiva das OPA apenas se faz referência ao dever de não praticar atos *suscetíveis de conduzir à frustração da oferta*, nos termos do artigo 182.º, n.º1, os administradores têm o dever de não praticar quaisquer atos que (i) sejam suscetíveis de alterar de modo relevante a situação patrimonial da sociedade visada, (ii) que não se reconduzam à gestão normal da sociedade e (iii) que possam afetar de modo significativo os objetivos anunciados pelo oferente. Voltaremos a este ponto[13].

Cabendo a gestão das sociedades ao órgão de administração[14], terá de se perguntar o que justifica a proibição da prática de determinados atos – note-se, de gestão – por aquele órgão quando a sociedade seja alvo de uma OPA. Incumbindo ao órgão de administração o dever de administrar (artigo 405.º, n.º 1 e 406.º do CSC)[15] esta proibição tem de ser justificada pela existência

[13] Cfr. *infra* §3.º.

[14] É o que resulta do artigo 405.º, n.º 1, do CSC.

[15] É comum encontrar na doutrina a referência ao facto de os administradores terem como principais deveres o dever de gerir e o dever de representar a sociedade. Entendemos contudo, como Manuel Carneiro da Frada, "A *business judgment rule* no quadro dos deveres gerais dos administradores", in *Forjar o Direito*, Almedina, Coimbra, 2019, pp. 321-365 (inicialmente em *Jornadas- Sociedades abertas, valores mobiliários e intermediação financeira*, coord. Maria de Fátima Ribeiro, Almedina, Coimbra, 2007, pp.201-242), p. 327, bem como José Ferreira Gomes, *Da administração à fiscalização das sociedades. A obrigação de vigilância dos órgãos da sociedade anónima*, Almedina, Coimbra, 2015, p. 149, que se pode reconduzir os conceitos de dever de gestão e dever de representação a um conceito-síntese: o dever de administrar. Neste sentido, no exercício das suas funções, os administradores devem praticar todos os atos – seja de gestão ou de representação – que sejam necessários à prossecução do interesse social. Saliente-se que, como o faz José Ferreira Gomes, *Da administração à fiscalização das sociedades. A obrigação de vigilância dos órgãos da sociedade anónima*, cit., p. 149, a norma constante do artigo 405.º, n.º 1, do CSC, não se trata de uma norma de competência com um sentido deôntico meramente permissivo, mas antes impositivo que adstringe os membros do conselho de administração das sociedades anónimas a uma verdadeira *obrigação de administração*. Nesta medida, a norma não atribui aos sujeitos parte daquele órgão um mero poder ou direito subjetivo, porquanto não lhes cabe a opção de exercício ou não da competência: esta impõe-se. O mesmo significa que esta obrigação não compreende uma qualquer margem de liberdade do sujeito para decidir *se* administra ou não a sociedade, mas apenas para decidir quanto ao *modo* como cumpre a sua obrigação de administrar.

de um interesse juridicamente protegido que se sobreponha ao interesse que justifica que os atos de gestão caibam àquele órgão. Apenas na medida em que exista um interesse contrário que consubstancie uma razão justificativa válida para a proibição da prática de determinados atos de gestão do conselho de administração que, noutras circunstâncias – isto é, na não pendência de uma OPA – não seriam proibidos, se pode admitir esta proibição – isto é, a imposição de um dever de neutralidade. Dir-se-á, e adiantando, que subjacente a esta proibição se encontra a existência de potenciais conflitos de interesse entre administradores e acionistas[16]. De todo o modo, compreender a *ratio* da norma constante do artigo 182.º, n.º 1 – ou de qualquer norma – não é uma operação *intuitiva*, carecendo o enunciado normativo de interpretação[17].

A norma constante do artigo 182.º, n.º 1 tem sido interpretada pela doutrina como visando tutelar dois interesses distintos: por um lado, o interesse dos acionistas enquanto destinatários da oferta[18]; por outro, os interesses do oferente, uma vez que o próprio enunciado normativo se refere à não afetação de modo significativo dos objetivos anunciados por aquele[19].

[16] O que é desde cedo salientado no *Report of the High Level Group of Company Law Experts on Issues Relates to Takeover Bids*, p. 2.

[17] Realizada, sempre, nos termos do artigo 9.º do Código Civil.

[18] Há ainda quem não se refira aos interesses dos sócios enquanto destinatários da oferta, mas antes ao interesse da sociedade – neste sentido, Paulo Câmara, *Manual de direito dos valores mobiliários*, cit., p. 689 (“ [...] interesse da sociedade na maximização do valor venal das ações representativas do seu capital social em ordem a beneficiar os acionistas”).

[19] Neste sentido, cfr. João Cunha Vaz, *A OPA e o controlo societário. A regra de não frustração*, cit., p. 102, entendendo que «face ao risco de estes últimos agirem no sentido de frustrar o êxito da oferta, torna-se necessário, durante o período da oferta, proteger os interesses dos accionistas, titulares dos valores mobiliários objecto da oferta e seus destinatários, bem como os interesses do oferente, interesses, estes, que podem inclusive distanciar-se do interesse da sociedade»; Orlando Vogler Guiné, “A transposição da Directiva 2004/25/CE e a limitação dos poderes do órgão de administração da sociedade visada”, in *Cadernos do Mercado de Valores Mobiliários*, n. 22, dezembro 2005, pp. 21-46, p. 23; Jorge Brito Pereira, “A limitação dos poderes da sociedade visada durante o processo de OPA”, cit., p. 180, segundo o qual «dois interesses distintos são protegidos por esta norma. Por um lado, pretende-se defender o interesse do oferente que, dirigindo uma proposta de aquisição dos valores mobiliários emitidos por uma determinada sociedade, terá interesse em que não sejam criadas barreiras artificiais à proposta aquisitiva e que, tanto quanto possível, a sociedade visada não tenha, no momento da aquisição, contornos substancialmente diferentes daqueles que tinha no início do processo de aquisição. Por outro lado, pretende-se defender os interesses dos titulares desses valores mobiliários que, podendo estar interessados na sua alienação no âmbito da OPA, terá interesse em que a proposta aquisitiva siga toda a sua tramitação até que a compra e venda se mostre concluída»; António Soares/Rita Oliveira Pinto, “Os deveres do órgão de administração de uma sociedade visada na pendência de uma oferta pública de aquisição”, cit., p. 869, onde sustentam a ideia de que a *passivity rule* visa acautelar «em primeiro lugar, os interesses

Mas tal entendimento – segundo o qual a norma *visa também* tutelar os interesses do oferente – não é, parece-nos, metodologicamente correto. Desde logo, o simples facto de o texto se referir aos "objectivos anunciados pelo oferente" não consubstancia argumento suficiente para se concluir que a norma, a par da tutela dos interesses dos acionistas – afirmação que terá também ela de ser confirmada –, *visa* também a tutela dos interesses do oferente. A apuração da teleologia de uma norma não se limita à formulação do seu enunciado, isto é, às concretas palavras utilizadas no seu texto. Para que se atribua validade à imputação de uma finalidade a uma norma é necessário que essa imputação seja coerente com o sistema, identificando-se, nesse sentido, um bem jurídico a tutelar[20].

Ao afirmar-se, sem mais, que a norma constante do artigo 182.º, n.º 1 *visa* tutelar *também* os interesses do oferente, parte-se da ideia de que, no geral, a tutela dos interesses do oferente são um bem jurídico reconhecido pelo sistema merecedor de tutela. Uma vez que o sistema é um conjunto de normas[21], a coerência da afirmação de que o interesse do oferente é um bem jurídico a tutelar deverá residir na análise da estrutura de suporte que esta afirmação tem no sistema jurídico como um todo, isto é, na análise das demais normas

dos accionistas da Sociedade Visada enquanto destinatários da proposta contratual de aquisição em que se consubstancia a OPA», mas também terá como finalidade ou propósito proteger «os interesses do oferente de não ver ocorrerem alterações significativas na sociedade desde o momento de publicação do anúncio preliminar até ao fim do processo da OPA». Por fim, no âmbito do antigo Código do Mercado de Valores Mobiliários, a propósito do artigo 575.º, cuja redação é semelhante à do artigo 182.º, Raúl Ventura, *Estudos vários sobre sociedades anónimas. Comentário ao Código das Sociedades Comerciais*, Almedina, Coimbra, 1992, pp. 198-202, onde entende que «o art. 575.º contém proibições que funcionam como protecção do interesse do oferente e, reflexamente como limitações das eventuais defesas da sociedade visada» sendo que «agora o legislador pende claramente para o oferente; procura preservar-lhe não só o alvo, tal como existe ao tempo do lançamento da oferta, mas como ele deverá continuar existindo, ao tempo do encerramento da oferta, para que o oferente possa satisfazer os seus objectivos e realizar as suas intenções»; bem como José Miguel Júdice/Maria Luísa Antas/António Artur Ferreira/Jorge de Brito Pereira, *Ofertas Públicas de Aquisição. Legislação comentada*, Tipografia Guerra, Viseu, 1992, p. 217. Também assim Maria Jarillo, "Las normas de conducta de los administradores de las sociedades de capital", in *Collección Biblioteca de Derecho de los Negocios*, La Ley, 2002, p. 526.

[20] Cfr., Miguel Brito Bastos, *Ascribing Teleologies to Legal Norms. The Separations of Law and Morals, the Role of Coherence and the Role of Factual Premises in the Construction of Teleological Arguments*, apresentado em *III Lisbon Meeting on Legal Theory. Uncertainty in Law*, 28 de junho de 2019 , p. 17.

[21] Cfr. Karl Larenz, *Metodologia da ciência do Direito*, tradução de José Lamego, Fundação Calouste Gulbenkian, 2012, p. 621.

do sistema que poderão, ou não, suportar a afirmação de que o interesse do oferente é um bem jurídico tutelado por este[22].

Compreende-se, assim, que a afirmação de que a norma constante do artigo 182.º, n.º 1 *visa* a tutela dos interesses do oferente, não pode ser dada como verdadeira sem mais. É esta afirmação, em primeiro lugar, coerente com as demais normas da Diretiva das OPA – e, consequentemente, com o CVM que a transpõe? A resposta, parece-me, adiante-se, negativa. Ainda que do texto se retire a premissa de facto segundo a qual o órgão de administração não pode praticar atos «que possam afetar de modo significativo os objetivos anunciados pelo oferente», não se pode confundir a circunstância de a norma *visar* a tutela do interesse do oferente com a circunstância de a norma, tutelando outro bem, poder também ser benéfica para o oferente. Uma coisa diz respeito ao facto de a *ratio* da norma se reconduzir à tutela daquele interesse; outra, totalmente distinta, diz respeito à circunstância de a norma, tutelando outro interesse que não o interesse do oferente, ser, ainda assim, benéfica para aquele[23]. É neste último sentido que será metodologicamente correto interpretar a norma constante do artigo 182.º, n.º 1.

Em primeiro lugar, a análise das disposições da Diretiva das OPA revela a falsidade da afirmação de que a norma do artigo 182.º, n.º 1 – que transpõe um preceito daquele diploma – *visa* a tutela dos interesses do oferente. Uma análise, de princípio, dos considerandos da Diretiva das OPA, revela a preocupação primordial de tutela dos titulares dos valores mobiliários a que se dirige a OPA. Segundo a Diretiva das OPA, «é necessário proteger os interesses dos titulares de valores mobiliários das sociedades sujeitas à legislação de um Estado-Membro no caso de essas sociedades serem objeto de ofertas

[22] Cfr. Aleksander Peczenik, *On Law and Reason*, 2nd edition, Springer, 2008, pp. 131 e ss. no mesmo sentido, Miguel Brito Bastos, *Ascribing Teleologies to Legal Norms*, cit., p. 20 segundo o qual «Having this in mind, the suggestion that the truth value of statements that predicate x as a legal good depends on its coherence with the «values that lie behind» each of the other norms of the system, can be clarified in the following way: the truth value of statements that predicate x as a legal good depends on its coherence with the set of axiological statements which justify the ascription of purpose to each of the other norms of the same legal system».

[23] A referência à tutela dos interesses do oferente como interesses que a norma constante do artigo 182.º, n.º 1 *visa* tutelar deve, assim, ser afastada. Não obstante, apesar de a *ratio* da norma não se prender com a tutela daqueles interesses, não significa que aqueles não beneficiem do regime do artigo 182.º: visando a tutela dos interesses dos acionistas enquanto destinatários da oferta, de forma indireta, tutelar-se-ão os interesses do oferente – na medida em que se visa assegurar a possibilidade de, se assim o entenderem, os acionistas venderem as suas ações, essa tutela beneficiara o oferente cujo interesse é a aquisição daquelas ações.

públicas de aquisição ou de mudanças de controlo e quando pelo menos uma parte dos seus valores mobiliários estejam admitidos à negociação num mercado regulamentado num Estado-Membro»[24]. Segue-se que «os Estados-Membro deverão tomar as medidas necessárias para proteger os titulares de valores mobiliários e, em especial, os detentores de participações minoritárias, após uma mudança de controlo das sociedades»[25]. O mesmo se retira da exigência de os titulares de valores mobiliários deverem ser devidamente informados das condições de uma oferta, através de um documento relativo a essa oferta[26], bem como do facto de o órgão de administração da sociedade visada dever publicar um documento em que apresente o seu parecer fundamentado sobre a oferta, nomeadamente quanto aos efeitos da mesma sobre os interesses da sociedade no seu conjunto[27]. Mais se acrescente que a Diretiva das OPA, no seu artigo 3.º, n.º 1, consagra seis princípios gerais que devem ser observados pelos estados membros aquando da sua transposição: (a) o tratamento equitativo de todos os titulares de valores mobiliários (da mesma categoria) e a proteção dos restantes titulares de valores mobiliários em caso de aquisição do controlo; (b) os titulares dos valores mobiliários devem dispor de tempo e informação suficientes para poderem tomar uma decisão sobre a oferta, devendo o órgão de administração da sociedade visada apresentar o seu parecer sobre a oferta; (c) o órgão de administração da sociedade visada deve agir tendo em conta os interesses da sociedade no seu conjunto e não pode impedir os titulares dos valores mobiliários de decidirem sobre o mérito da oferta; (d) não devem ser criados mercados artificiais para os valores mobiliários da sociedade visada, da sociedade oferente ou de qualquer outra sociedade interessada na oferta de que resulte uma subida ou descida artificial dos preços e que falseiem o funcionamento normal dos mercados; (e) um oferente só pode anunciar a oferta depois de se assegurar de que está em plenas condições de satisfazer integralmente qualquer contrapartida em numerário ou depois de tomar todas as medidas para garantir a entrega de outro tipo de contrapartida; e, (f) a sociedade visada não deve ser perturbada em virtude de uma oferta respeitante aos seus valores mobiliários no exercício da sua atividades para além de um período razoável.

[24] Cfr. considerando n.º 2 da Diretiva.

[25] Cfr. considerando n.º 9 da Diretiva.

[26] Cfr. considerando n.º 13 da Diretiva.

[27] Cfr. considerando n.º 17 da Diretiva.

Desta análise às disposições da Diretiva das OPA constata-se que em parte alguma o legislador manifestou a sua preocupação com a tutela dos interesses do oferente, quaisquer que eles sejam, devendo pois concluir-se no sentido de que aqueles não são considerados, por falta de coerência, como um bem jurídico tutelado pela Diretiva das OPA. Não obstante, ainda que se possa retirar esta conclusão da análise do disposto na Diretiva, sempre se poderia alegar que esta mesma conclusão não é suscetível de ser transposta para o ordenamento jurídico português, nomeadamente quando se analisa o regime das OPA tal como transposto para o CVM. Isto porque, sendo a Diretiva de harmonização mínima, foi deixado ao legislador de cada estado membro uma margem de liberdade para adaptar o disposto naquela – nos termos do artigo 3.º, n.º 2, al. b), da Diretiva –, aquando da sua transposição, de acordo com as coordenadas mobiliárias de cada sistema jurídico em causa. O argumento não colhe. Também a análise do regime das OPA no CVM, à exceção da referência, no artigo 182.º, n.º 1, aos "objetivos anunciados pelo oferente", em parte alguma se refere que os objetivos ou os interesses anunciados pelo oferente são um bem jurídico tutelado. Pelo contrário, também nas normas que transpõem a Diretiva das OPA para o CVM se denota uma clara ausência de tutela quanto a estes interesses[28].

Se esta ausência não bastasse, não apenas não existe qualquer referência à tutela daqueles interesses – e, por isso mesmo, a imputação desta finalidade à norma constante do artigo 182.º, n.º 1 não é coerente com as demais normas do sistema –, como a interpretação segundo a qual os interesses do oferente são *um dos interesses que a norma do artigo 182.º, n.º 1* visa *tutelar,* seria incoerente com o disposto no n.º 3, alínea b), desse mesmo preceito[29]. Se a norma visasse, de facto, a tutela dos interesses do oferente, o que justificaria que se permitisse, tal como se faz nos termos do artigo 182.º, n.º 3, alínea b), que, sempre que a assembleia geral da sociedade visada assim o entendesse, pudesse frustrar aqueles mesmos interesses?

Não só a afirmação de que a norma *visa* tutelar os interesses do oferente é incoerente à luz das diversas disposições da Diretiva das OPA bem como daquelas que a transpõem para o CVM, como é negada a sua validade ao se estabelecer que por vontade de um órgão da sociedade visada, esses mesmos interesses podem ser frustrados. A permissão concedida à assembleia geral

[28] Mesmo extrapolando o regime das OPA tal como consta do CVM, em parte alguma no que diz respeito às ofertas públicas em geral se faz referência à tutela dos interesses do oferente.

[29] Segundo o qual se excetuam os atos autorizados por força da assembleia geral convocada exclusivamente para o efeito durante o período mencionado no n.º1 do artigo 182.º.

para autorizar atos que, à partida, seriam vedados ao conselho de administração torna claro que a norma do artigo 182.º, n.º 1 é dispositiva. Ora, esta circunstância não permite que se possa retirar da norma do artigo 182.º, n.º 1 uma norma que, sendo dispositiva, tem como finalidade a proteção de um sujeito distinto daqueles que podem dispor do estabelecido, neste caso, no artigo 182.º, n.º 1. Em ponto algum do sistema encontramos esta possibilidade: a finalidade de proteção de um determinado interesse não é compatível com o caráter dispositivo das normas e, assim, com a possibilidade de frustração da aparente proteção por parte de um sujeito que não aquele objeto de proteção. Nesta medida, afirmar que um dos interesses que se visa tutelar por via do artigo 182.º, n.º 1 são os interesses do oferente, mais não é do que uma tentativa de imputação de uma determinada finalidade àquela norma mediante um processo metodológico errado – e incompatível com o sistema jurídico português –, e, assim, insuscetível de sustentação.

Por fim, os próprios autores que identificam os interesses do oferente como interesses juridicamente tutelados pela norma do artigo 182.º, n.º 1[30], fazem-no, na maioria dos casos, apenas com recurso ao disposto na última parte do preceito[31].

Se esta tentativa de imputação de finalidade à norma constante do artigo 182.º, n.º 1 não convence por tudo o que se acaba de dizer, também o não faz porquanto a letra da lei consubstancia apenas um elemento de interpretação, mas esta não se cinge àquele. Não se deve confundir, como se parece fazer, a compreensão da razão justificativa da norma com a interpretação daquilo que seja, em concreto, os atos suscetíveis de *afetar de modo significativo os objetivos anunciados pelo oferente*. Uma coisa diz respeito à compreensão daquela; outra à compreensão do que significa o segmento segundo o qual os administradores não podem praticar atos *suscetíveis de afetar de modo significativo os objetivos anunciados pelo oferente*. O último segmento do enunciado normativo pode auxiliar na compreensão da *ratio* da norma, mas não é suficiente para imputar determinada finalidade à mesma, tal como demonstrado nos parágrafos *supra*.

Esclarecido que fica que a *ratio* da norma do artigo 182.º, n.º 1 não se prende com a tutela dos interesses do oferente haverá que questionar qual é, afinal,

[30] Cfr. *supra* nota 20.

[31] Cfr. João Cunha Vaz, *A OPA e o controlo societário. A regra de não frustração*, cit., p 102; Orlando Vogler Guiné, "A transposição da Directiva 2004/25/CE e a limitação dos poderes do órgão de administração da sociedade visada", cit., p. 23; ID – *Da conduta (defensiva) da administração "opada"*, cit., p. 173; Jorge Brito Pereira, "A limitação dos poderes da sociedade visada durante o processo de OPA", cit., p. 180.

a sua teleologia. Apontámos de início que a doutrina tem identificado, a par da tutela dos interesses do oferente, que a norma visa a tutela dos interesses dos acionistas enquanto destinatários da oferta. Esta afirmação carece, contudo, e à semelhança da anterior, de ser ou não confirmada.

A imposição do dever de neutralidade pode ser justificada pela tutela dos interesses dos acionistas da sociedade visada? É esta afirmação coerente com a restante Diretiva e com as normas que a transpõem para o CVM? A resposta não pode deixar de ser afirmativa. O interesse dos acionistas – note-se, enquanto destinatários da oferta – é, à luz da Diretiva das OPA, um bem jurídico tutelado.

A validade da imputação desta finalidade à norma constante do artigo 182.º, n.º 1, não pode deixar de ser feita, à semelhança do que acabámos de ver a propósito dos interesses do oferente, sem que se afira que estes interesses são um bem juridicamente tutelado, porque coerente com o resto do sistema. No que agora diz respeito, a constatação em sentido inverso – do reconhecimento da sua tutela – não se afigura tarefa árdua. Basta proceder a uma análise, em primeiro lugar, dos considerandos, como feito *supra*, bem como das demais normas da Diretiva das OPA, para se chegar à conclusão de que todo o regime é construído sob a ideia de que os acionistas devem ser os únicos sujeitos a decidir sobre a procedência ou improcedência da OPA, sem qualquer interferência dos sujeitos que integram os demais órgãos sociais. O mesmo sucede quando se analisa as normas relativas às OPA que constam do CVM[32].

A OPA é, desde logo, uma proposta de aquisição de ações dirigida diretamente aos acionistas da sociedade visada[33]. Enquanto proprietários da sociedade, na medida em que nela investiram e nela participam na proporção das suas participações, cabe única e exclusivamente aos sócios decidir sobre

[32] Note-se ainda que o mesmo foi reconhecido pela CMVM aquando da consulta pública a propósito do Ante-Projeto de Diploma de Transposição da Diretiva das OPA, segundo a qual «fruto de um processo longo e complexo de elaboração, a Directiva das OPA constitui o primeiro passo de harmonização, a nível comunitário, da protecção dos interesses dos accionistas em situações de transição de domínio desde que, pelo menos em parte, os valores mobiliários visados estejam admitidos à negociação num mercado regulamentado situado num Estado membro» – disponível em https://www.cmvm.pt/pt/Legislacao/ConsultasPublicas/CMVM/Paginas/consulta_cmvm20051108.aspx?v=

[33] Cfr. António Menezes Cordeiro, "Da tomada de sociedades (takeover): efectivação, valoração e técnicas de defesa", cit., p. 767; ID – "Ofertas públicas de aquisição", in *Direito dos Valores Mobiliários*, Lex, Lisboa, 1997, pp. 267-290; Paula Costa e Silva, "Ofertas públicas", cit., pp. 165 e 171.

o mérito ou demérito da OPA, isto é, sobre a venda ou não das suas ações[34], detendo assim o "interesse primordial"[35] em todo o contexto da OPA. É justamente isto que justifica que o órgão de administração tenha, nomeadamente, de apresentar um parecer sobre as repercussões da concretização da oferta e não possa impedir os titulares de valores mobiliários de decidirem sobre o mérito da oferta [artigo 3.º, n.º 1, alíneas b) e c), da Diretiva], devendo estes últimos dispor de tempo e informações suficientes para poderem tomar a sua decisão [artigo 3.º, n.º 1, alínea, b), da Diretiva]. O papel da informação neste contexto é primordial[36]. O conselho de administração da sociedade visada deve informar e aconselhar os acionistas adequadamente sobre a bondade da oferta, utilizando, para estes efeitos o relatório a elaborar pelo conselho de administração nos termos do artigo 181.º, n.º 1, 2 e 3 (artigo 9.º, n.º 5, da Diretiva das OPA).

Justificado que fica que tanto a Diretiva como as normas que a transpõem para o CVM se preocupam, em primeiro lugar, com a tutela dos interesses dos acionistas *enquanto destinatários da oferta*[37], cabe perceber se é isto que justifica a proibição da prática de determinados atos de gestão por parte do órgão de administração da sociedade visada. Cabendo a gestão da sociedade ao órgão de administração, a proibição dirigida a este da prática de determinados atos de gestão apenas pode ser, neste caso, justificada pela identificação

[34] É curioso que a doutrina concorda com esta afirmação e, ainda assim, a maioria dos autores que dela se socorrem continuam a admitir que a norma visa igualmente a tutela dos interesses do oferente – veja-se João Cunha Vaz, *A OPA e o controlo societário. A regra de não frustração*, cit., p. 181; Jorge Brito Pereira, "A limitação dos poderes da sociedade visada durante o processo de OPA", cit., p. 178. No sentido do texto, Andreas W. Dimke / Kristian J. Heiser, "Neutralitätspflicht, Übernahmegesetz und Richtlinienvorschlag 2000", cit., pp. 241-259, bem como Süssmann, "Der Anlegeraktionär als Adressat von Wertpapiererwerbs-, Übernahme- und Pflichtangeboten", in *Handbuch des Kapitalanlagerechts*, 5. Auflage 2020, n. m. 85-91, n. m. 85-86.

[35] Expressão de Paula Costa e Silva, "Ofertas públicas", cit., p. 171.

[36] Sobre o papel da informação no âmbito do Direito dos valores mobiliários veja-se, entre outros, José Ferreira Gomes/Diogo Costa Gonçalves, *Manual de sociedades abertas e de sociedades cotadas*, cit., pp. 54 e seguintes, salientando os autores que "no direito dos valores mobiliários, diferentemente do que sucede no direito das sociedades comerciais, a informação assume um papel *central* e *fundamental* a todo o sistema, com implicações em todos os seus aspetos".

[37] No mesmo sentido parece ir Pedro Caetano Nunes, *Responsabilidade civil dos administradores perante os accionistas*, Almedina, Coimbra, 2001, p. 74. Note-se que ao referirmos os acionistas enquanto destinatários da oferta aquilo que deve estar presente é a ideia de que são os acionistas, individualmente considerados, que potencialmente poderão vender as suas ações, sendo, por isso mesmo, o seu interesse tutelado – apenas estes podem decidir sobre o mérito ou demérito da proposta a si dirigida optando pela venda, ou não, das suas participações.

da existência de um conflito de interesses relevante[38]. Subjacente a esta proibição encontramos a tensão entre dois interesses.

Por um lado, e à luz do que viemos escrevendo até agora, encontramos os interesses dos acionistas enquanto destinatários da oferta, na medida em que apenas a estes cabe decidir sobre o mérito daquela, optando por vender ou não as suas participações; por outro, o interesse conflituante com aquele primeiro será, necessariamente, o interesse no *normal funcionamento da sociedade*. Não se diga que o interesse conflituante com aqueloutro é o interesse dos administradores na manutenção do seu cargo. A proibição decorrente do artigo 182.º, n.º 1 tem impacto na distribuição intra-societária de competências, em particular, nas competências do conselho de administração, é certo. Mas daqui decorre não que o conselho de administração tem um qualquer interesse protegido de gerir a sociedade; antes que o que é afetado é, como identificado, o normal funcionamento da sociedade.

Uma vez que a proibição tem, em primeiro lugar, impacto na distribuição de competências intra-societária estabelecida – é esta distribuição que é posta em causa com a proibição de prática de determinados atos pelos membros do conselho de administração, na medida em que a competência para a sua prática caberia, nos termos gerais, àquele órgão. Esta distribuição intra-societária justifica-se nomeadamente por questões de operacionalidade, funcionalidade e eficiência social[39]. A complexização das matérias de gestão

[38] Conflito esse desde cedo identificado pelo *Report of the High Level Group of Company Law Experts on Issues Relates to Takeover Bids*, cit., p. 2 («Defensive *mechanisms are often costly. Most importantly, managers are faced with a significant conflict of interests. Shareholders should be able to decide for themselves and stakeholders should be protected by specific rules (e.g. on labour law or environmental law*»). No mesmo sentido, Schröder/Niggemann, in *Münchener Anwaltshandbuch Aktienrecht*, hergs. Schüppen/Schaub, 3. Auflage, 2018, n. m. 111-113. Sobre os conflitos de interesses relevantes veja-se, por todos, Pedro de Albuquerque, *O artigo 251.º do CSC como proibição genérica de atuação em conflito de interesses. O direito de voto dos sócios para consentimento da transmissão de quotas*, Almedina, Coimbra, 2022, p. 38.

[39] Atente-se que o conselho de administração nem sempre desempenhou o papel que hoje desempenha no seio das sociedades anónimas. Num primeiro momento, era à assembleia geral que cabia a tomada de decisões no seio das sociedades. Todavia, o crescimento das sociedades e a consequente complexização das tarefas de gestão empresarial levou a que o conselho de administração das sociedades ocupasse um papel preponderante nas sociedades (Cfr. Pedro Maia, *Função e funcionamento do conselho de administração da sociedade anónima*, STVDIA IVRIDICA, Coimbra Editora, 2002, pp. 13 ss). Por outro lado, a enorme disseminação do capital social, bem como a necessidade de adequar a gestão da sociedade à sua dimensão e potencialização, deslocou o centro da atividade gestória da assembleia geral para um órgão de administração independente daquela. Mais se diga que a sua divisão prende-se com o facto de que as decisões a tomar pelo órgão de gestão das sociedades, na condução dos destinos daquelas implicam, não mais das vezes, conhecimento

explica que caiba a um órgão dotado de conhecimentos técnicos necessários à gestão, a condução dos destinos da sociedade. Este órgão, nas sociedades anónimas, identifica-se com o conselho de administração. Na medida em que apenas mediante a repartição de competências entre diversos órgãos a sociedade estará apta a funcionar normalmente, isto é, a atuar no tráfego jurídico, visando a prossecução do interesse social, uma qualquer interferência nesta distribuição intra-societária, conduzirá, ou poderá conduzir, a cenários de possível quebra no normal funcionamento da sociedade. É, assim, a tensão entre estes dois interesses que está na base da proibição constante do artigo 182.º, n.º 1.

Havendo dois interesses conflituantes haverá que aferir que interesse prepondera sobre o outro, justificando-se, assim, a restrição da tutela de um face ao outro. A possibilidade de interferência no normal funcionamento da sociedade é, no caso ora em análise, justificada por os administradores se poderem encontrar numa situação de conflito de interesses com os sócios. O potencial conflito de interesses dos administradores com os sócios justifica que, mediante o artigo 182.º, n.º 1, se altere a distribuição intra-societária de competências prossuposta para o normal funcionamento da sociedade.

Na medida em que a OPA se traduz numa proposta de compra das ações aos sócios da sociedade visada, e, como vimos, cabendo apenas a estes a decisão de vender ou não as suas ações – aliás, como consta do artigo 3.º, n.º, 1, alínea b), da Diretiva –, os administradores da sociedade visada encontrar-se-ão em risco de perder o seu cargo pela alteração de controlo da sociedade que, caso os acionistas decidam vender as suas ações, sucederá com

técnicos e a capacidade de exercer juízos de prognose que ultrapassam as capacidades dos sócios – pense-se, aliás, que é sócio aquele que detém a participação numa sociedade, sendo que, para que tal aconteça, basta que se invista dinheiro naquela, não havendo qualquer necessidade de conhecer sequer o funcionamento da mesma. Esta divisão interna do trabalho dentro da sociedade, atribuindo a responsabilidade pela gestão a uma estrutura orgânica de funcionamento colegial, profissionalizou a administração dos negócios sociais, dotando-a de estabilidade e continuidade. Isto porque, em regra, e como vimos, os administradores de uma sociedade anónima têm uma formação teórica e prática avançada no que toca a gestão destes mecanismos institucionalizados. Com esta divisão, os acionistas, proprietários da sociedade, ganham vantagem em atribuir a gestão da mesma a agentes especializados. Ao fazê-lo não despendem tempo e outro tipo de custos em esforços de auto coordenação ou, noutra formulação, de superação dos normais obstáculos organizativos inerentes à coordenação de grupos (cfr. João Sousa Gião, "Conflitos de Interesses entre Administradores e os Accionistas na Sociedade Anónima: Os Negócios com a Sociedade e a Remuneração dos Administradores", in *Conflitos de Interesses no Direito Societário e Financeiro. Um Balanço a partir da Crise Financeira*, Coimbra, Almedina, 2010, p. 215-291, pp. 220-221). Veja-se, por todos, José Ferreira Gomes, *Da administração à fiscalização das sociedades*, cit., pp. 101 e ss.

a mudança de controlo em beneficio do oferente[40]. Esta realidade demonstra que poderá existir um conflito de interesses[41] – especialmente tratando-se de uma OPA hostil –, onde os membros do órgão de administração da sociedade visada poder-se-ão ver tentados a inviabilizar o sucesso da OPA por receio de serem afastados do exercício das suas funções (o que tipicamente sucede com a alteração do controlo da sociedade por nova composição acionista)[42].

[40] Cfr. António Menezes Cordeiro, "Da tomada de sociedades (takeover): efectivação, valoração e técnicas de defesa", p. 767. Interessante é também o texto de Martin Lipton, "Takeover Bids in the Target's Boardroom", 35, Bus.Law, 1979, pp. 101 e ss, bem como de Frank Easterbrook/ Daniel Fischel, "The Proper Role of a Target's Management in Responding to a Tender Offer", in *HLR*, 94, 1981, pp. 1161 e ss. Veja-se ainda Andreas W. Dimke / Kristian J. Heiser, "Neutralitätspflicht, Übernahmegesetz und Richtlinienvorschlag 2000", cit, p. 243, bem como Ruth Lüttmann, *Kontrollwechsel in Kapitalgesellschaften. Eine vergleichende Untersuchung des englischen, US-amerikanischen und deutschen Rechts*, Nomos, 1992, pp. 24 e ss, nota 23.

[41] Não será correto afirmar que em todos os casos de lançamento de uma OPA existe um conflito de interesses entre o órgão de administração da sociedade visada e os seus acionistas. Ainda que, na maioria das vezes, se possa suspeitar da existência de motivações conflituantes por parte dos membros do órgão de administração da sociedade visada, pressupor que todo e em qualquer caso de lançamento de uma OPA estes existem não é correto. Desde logo, porque como vimos de início nem todas as OPA são hostis. No caso de OPA amigável, os administradores concordaram com a proposta de aquisição do oferente não tendo, à partida, o receio associado às OPA hostis. Note-se ainda, que mesmo no caso de uma OPA hostil, não é certo que os administradores se encontrem em conflito de interesses. Basta que a não concordância com a proposta tenha que ver única e exclusivamente com o facto de acharem o conteúdo da proposta não vantajoso para os sócios, projetando que aqueles receberiam mais se não venderem, no momento presente, as ações. Todavia, a norma pressupõe a possibilidade de existência de conflito, sendo essa a razão que lhe está na base – mesmo que este não exista, efetivamente.

[42] Cfr. entre outros, Paula Costa e Silva, "Ofertas públicas", cit., p. 170; João Cunha Vaz, *A OPA e o controlo societário. A regra de não frustração*, cit., p. 182; Orlando Vogler Guiné, *Da conduta (defensiva) da administração "opada"*, cit., p. 129; Jorge Brito Pereira, "A limitação dos poderes da sociedade visada durante o processo de OPA", cit., p. 178; e ainda António Soares/Rita Oliveira Pinto, "Os deveres do órgão de administração de uma sociedade visada na pendência de uma oferta pública de aquisição", cit., p. 868; Luís Menezes Leitão, "As medidas defensivas contra uma oferta pública de aquisição hostil", in *Direito dos valores mobiliários*, vol. VII, Coimbra, Editora, Coimbra, 2007, pp. 57-76, p. 67. Apontando a mesma possibilidade, na doutrina estrangeira, Maria Jarillo, "Las normas de conducta de los administradores de las sociedades de capital", cit., p. 565; J. Armour/Skeel, "Who Writes the Rules for Hostile Takeovers, and Why? – The Peculiar Divergence of US and UK Takeover Regulation", cit., pp. 1733 e ss; Michael C. Jensen, "Takeovers: Their Causes and Consequences", in *Journal of Economics Perspectives*, 1988, vol. 2, n.º 1, pp. 21-48, p.31. Em comentário ao §33a WpÜG, onde a matéria se encontra regulada no ordenamento jurídico alemão, veja-se, Tretter, in *Münchener Anwaltshandbuch Aktienrecht*, hsrg. Schüppen/Schaub 3. Auflage 2018, §33a, n. m. 23; Schröder/Niggemann, in *Münchener Anwaltshandbuch Aktienrecht*, hsrg. Schüppen/Schaub, 3. Auflage 2018, §33a, n.º m. 112-113; Kalss/Klampfl, in *Handbuch des EU-Wirtschaftsrechts Werkstand*, hsrg. Dauses/Ludwigs, 2022, §33a, n. m. 520.

É face ao perigo da existência deste conflito que se justifica a proibição da prática de determinados atos de gestão pelo órgão de administração da sociedade visada na pendência da OPA: o perigo que a norma *visa* evitar é, assim, o de os *acionistas individualmente considerados enquanto destinatários da oferta*, perderem a possibilidade de vender as suas ações – se assim interessados – por atuação dos administradores no seu próprio interesse, justificado pelo receio de perda do exercício das suas funções.

Do exposto se retira que a *ratio* da norma do artigo 182.º, n.º 1 é evitar, numa situação em que os administradores da sociedade visada possam ter interesses conflituantes com os interesses dos acionistas da sociedade, que aqueles primeiros, através do exercício das suas funções, possam frustrar a possibilidade de os acionistas venderem as suas ações[43]. Deste modo, e sendo o artigo 182.º fruto da transposição do artigo 9.º, n.º 2, da Diretiva das OPA, aquele não é mais do que a concretização do princípio geral estabelecido no artigo 3.º, n.º 1, alínea c), daquela Diretiva («o órgão de administração [...] não pode impedir os titulares de valores mobiliários de decidirem sobre o mérito da oferta»)[44].

Por fim, resulta ainda, do que se acaba de dizer, que a norma constante do artigo 182.º, n.º 1, apesar de ser uma norma de conduta, que adstringe os membros do conselho de administração a um dever de neutralidade, perante a sociedade, este dever tem como finalidade última a tutela de interesses que não dos administradores, da sociedade ou do oferente: mas dos sócios[45].

[43] No mesmo sentido, Schlitt, in *München Kommentar zum Aktiengesetz*, 5. Auflage 2021, WpÜG § 33a, n. m. 22. Num sentido distinto parece ir Paula Costa e Silva, "Ofertas públicas", cit., p. 172, segundo a qual, para além do interesse dos acionistas, há, ainda, que tutelar o interesse da sociedade visada e o interesse geral do mercado. Assim «a tutela da sociedade é obtida por uma tripla via: por um lado, impede-se, por regra, que o órgão de administração da sociedade visada pratique atos que possam alterar, de modo relevante, a situação patrimonial da sociedade em termos que possam afetar, de modo significativo, os objetivos anunciados pelo oferente (cf. art. 182º CVM Pt). Se a tutela prevista na regra parece estar, em primeira linha, ordenada a proteger o oferente – a natureza crítica dos atos a praticar não é, só por si, fundamento da limitação dos poderes do órgão de administração da sociedade visada – a prática de atos críticos pode determinar uma degradação da situação patrimonial da sociedade».

[44] Curiosa análise é feita por Andreas W. Dimke / Kristian J. Heiser, "Neutralitätspflicht, Übernahmegesetz und Richtlinienvorschlag 2000", cit., 242 e ss, segundo os quais o dever de neutralidade não é, de forma alguma, um novo dever imposto ao conselho de administração da sociedade visada pela OPA hostil, mas antes um dever já "já firmemente ancorado no ordenamento jurídico vigente como condigo de conduta do conselho de administração".

[45] Esta clarificação terá, como veremos, consequências ao nível da responsabilidade civil dos administradores por violação do dever de neutralidade – cfr. *infra* §5.º.

§ 3.º

A COMPETÊNCIA DA ASSEMBLEIA GERAL PARA AUTORIZAR AFASTAMENTOS AO DEVER DE NEUTRALIDADE

Apenas após a compreensão da *ratio* da norma do artigo 182.º, n.º 1, é possível avançar para o cerne do nosso estudo. A doutrina tem-se centrado, aquando do estudo das OPA, apenas no dever de neutralidade[46], isto é, na análise dos atos de gestão aparentemente vedados de acordo com o enunciado do artigo 182.º, n.º 1. Não é, todavia, esse o tema que nos ocupa. Ainda que no capítulo anterior se tenha partido do dever de neutralidade e da razão que justifica a imposição daquele dever, este serve apenas como ponto de partida para a compreensão das competências da assembleia geral da sociedade visada para autorizar afastamentos àquele mesmo dever. Nos termos do artigo 182.º, n.º 1, como vimos, o órgão de administração não pode «praticar atos suscetíveis de alterar de modo relevante a situação patrimonial da sociedade visada que não se reconduzam à gestão normal da sociedade e que possam afetar de modo significativo os objetivos anunciados pelo oferente». Contudo, o n.º 3 do mesmo preceito excetua do disposto nos números antecedentes, na sua alínea b), os «atos autorizados por força da assembleia geral convocada exclusivamente para o efeito durante o período mencionado no n.º 1».

[46] Neste sentido, identificando os deveres a que os administradores se encontram adstritos e prosseguindo, após uma brevíssima análise da razão justificativa da norma que proíbe a prática de determinados atos de gestão pelo conselho de administração, para a análise de cada um dos atos proibidos. As referências à competência e justificação da competência da assembleia geral, costumam ter um tratamento muito reduzido. Assim, veja-se, os já referidos escritos de António Soares/Rita Oliveira Pinto, "Os deveres do órgão de administração da sociedade visada na pendência de uma oferta pública de aquisição", cit., pp. 861-877; Jorge Brito Pereira, "A limitação dos poderes da sociedade visada durante o processo de OPA", cit., pp. 175-202; Orlando Vogler Guiné, *Da conduta (defensiva) da administração "opada"*, cit., pp. 133 e ss; João Cunha Vaz, *A OPA e o controlo societário. A regra de não frustração*, cit., pp. 177 e ss; Alexandre de Soveral Martins, "Poderes dos administradores e OPA: "em bolandas" entre o art. 182.º do CVM e o art. 409.º do CSC", cit., pp. 87-111.

Sendo a competência atribuída à assembleia geral por referência aos atos que são proibidos nos termos do artigo 182.º, n.º 1, haverá que, em primeiro lugar, compreender que atos está o conselho de administração proibido de praticar, mas que, por sua vez, pode a assembleia geral autorizar. A autorização da assembleia geral não se reporta a uma autorização para a prática de um qualquer ato, mas antes para aqueles que (i) sejam suscetíveis de alterar de modo relevante a situação patrimonial da sociedade visada; (ii) que não se reconduzam à gestão normal da sociedade; (iii) e que possam afetar de modo significativo os objetivos anunciados pelo oferente[47].

3.1 Os atos de gestão proibidos de acordo com o artigo 182.º, n.º 1

A identificação da *ratio* da norma constante do artigo 182.º, n.º 1 constitui o ponto de partida para a compreensão do que são os atos de gestão que o conselho de administração está *proibido* de praticar na pendência de uma OPA. Vimos a este propósito, no ponto anterior, que aquilo que a norma visa tutelar é o interesse dos acionistas (individualmente considerados) da sociedade visada enquanto destinatários da oferta. Neste sentido, o perigo que a norma visa evitar é o perigo de os acionistas deixarem de ter a possibilidade de vender as suas ações por causa de uma atuação dos administradores da sociedade visada – vendando-se a prática de determinados atos aos administradores que potencialmente se poderão, nomeadamente numa OPA hostil, encontrar em situação de conflito de interesses[48].

Todavia, se a razão justificativa da norma que proíbe a prática daqueles atos pelo conselho de administração se identifica com esta potencialidade de conflito e consequente perda de oportunidade de venda das participações, apenas nas circunstâncias em que os acionistas possam *efetivamente perder*

[47] Estes requisitos têm sido identificados como sendo cumulativos – cfr. ORLANDO VOGLER GUINÉ, *Da conduta (defensiva) da administração "opada"*, cit., p. 147 e "A transposição da Directiva 2004/25/CE e a limitação dos poderes do órgão de administração da sociedade visada", cit., p. 26; JOÃO CUNHA VAZ, *A OPA e o controlo societário*, cit., p. 228; PAULO CÂMARA, *Manual de Direito dos Valores Mobiliários*, Almedina, Coimbra, 2018, p. 690; ALEXANDRE DE SOVERAL MARTINS, "Poderes dos administradores e OPA: "em bolandas" entre o art. 182.º do CVM e o art. 409.º do CSC", cit., p. 93; JORGE BRITO PEREIRA, "A limitação dos poderes da sociedade visada durante o processo de OPA", cit., p. 194.

[48] Cfr. *supra* ponto §2.º

a possibilidade de venda é que se justifica que os membros do órgão de administração não possam praticar determinados atos que, à partida, seriam permitidos sem necessária autorização.

Do exposto resulta, contudo, que se a razão justificativa da norma que proibe a prática daqueles atos de gestão que, noutras circunstâncias, são permitidos ao conselho de administração, deixar de proceder, deixa igualmente de existir um fundamento válido para a imposição do dever de neutralidade[49]: isto é, deixa de existir uma razão justificativa válida para a proibição da prática daqueles atos pelo conselho de administração.

Se a razão que justifica a imposição do dever de neutralidade é, como acabámos de ver, o interesse dos acionistas enquanto destinatários da oferta, quando não haja o risco destes perderem a possibilidade de vender as suas ações, não existe razão justificativa válida para a imposição daquele dever[50]. A questão que se sucede é, assim, a de saber em que casos podem os acionistas, destinatários da oferta, ver frustrada a possibilidade de venda das suas participações no processo da OPA. É apenas à luz da resposta a esta questão que se compreende que atos é que o conselho de administração está proibido de praticar, salvo autorização pela assembleia geral e não o oposto.

No Direito dos valores mobiliários vale o princípio da irrevogabilidade e da estabilidade da oferta, mediante o qual, em princípio, tanto a oferta como o seu conteúdo não podem ser modificados ou revogados[51]. A modificação ou revogação é apenas permitida em quatro casos: (i) nos termos do artigo 124.º,

[49] Cfr. Karl Larenz, *Metodologia da ciência do Direito*, cit., pp. 556 e ss. Trata-se de um caso em que se exige uma redução teleológica da norma.

[50] O mesmo, se bem interpretado, parece decorrer da própria Diretiva das OPA, nos termos da qual, segundo o seu artigo 9.º, n.º 2, o órgão de administração é obrigado a obter a autorização prévia da assembleia geral antes de empreender qualquer *ação suscetível de conduzir à frustração da oferta*. Não decorre do preceito uma proibição de prática daqueles atos por parte do conselho de administração em todos os casos em que a sociedade esteja visada por uma OPA, mas somente, nos casos em que os atos praticados pelos administradores sejam suscetíveis de frustrar a oferta, isto é, de frustrar a possibilidade de os acionistas venderem as suas participações se nisso tiverem interesse. Se é isto que resulta da própria Diretiva, a interpretação que se faça das normas que a transpõem para o CVM deve ser consonante com aquilo que dela resulta.

[51] Cfr. Paulo Câmara, *Manual de direito dos valores mobiliários*, cit., p. 652. Distingue entre (i) estabilidade de conteúdo; (ii) estabilidade do processo; e (iii) irrevogabilidade da oferta. Veja-se ainda Manuel Requicha Ferreira, *Acordos de aceitação e de não-aceitaçao de OPA*, Almedina, Coimbra, 2015, p. 198; António Pereira de Almeida, *Sociedades comerciais e valores mobiliários*, II, Coimbra Editora, Coimbra, 2013, p. 189. No direito alemão, onde o princípio se encontra consagrado no §18 (2) WpÜG, Noack/Holzborn, in *Kapitalmarktrechts Kommentar*, hsrg. Schwark/Zimmer, 5. Auflage 2020, §18, n. m. 1. No direito francês, o mesmo tem consagração no art. 231-13 do Règlement de l'AMF; bem como no direito inglês nos termos da Rule 2.7 do City Code.

n.ºs 3 e 4, a oferta pode ser modificada ou revogada caso seja estabelecida uma condição válida – isto é, que corresponda a um interesse legitimo do oferente, que não afete o funcionamento normal do mercado e cuja verificação não dependa do oferente; (ii) a oferta pode ser modificada ou revogada, por iniciativa do oferente, em caso de alteração das circunstâncias (artigo 128.º); (iii) a oferta pode ser revista, por iniciativa do oferente, nos termos do artigo 128.º-A, até dois dias antes do fim do seu prazo, desde que não a torne globalmente menos favorável para os respetivos destinatários; e (iv) nos termos do artigo 185.º-B, n.º 1, segundo o qual com o lançamento de uma oferta concorrente (a) qualquer das demais ofertas anunciadas pode ser revogada, devendo a decisão ser publicada até ao final do quinto dia útil anterior ao termo do prazo da oferta anteriormente registada e (b) qualquer dos oferentes pode rever a sua oferta, desde que publique a sua decisão até ao final do segundo dia útil anterior ao termo da oferta.

No que diz respeito aos casos de revisão da oferta (iii), o perigo que a norma do artigo 182.º, n.º 1 visa evitar não se manifesta. Revista a oferta os destinatários da mesma serão sempre beneficiados e nunca prejudicados, nomeadamente nunca perdendo a possibilidade de venda das suas ações, caso nisso tenham interesse. O mesmo se diga dos casos em que o oferente pode revogar a oferta por lançamento de uma OPA concorrente – também aqui os acionistas não ficam privados da possibilidade de, se assim o entenderem, venderes as suas participações. O perigo que a norma do artigo 182.º, n.º 1 visa evitar apenas existe, efetivamente, nos casos (i) e (ii), onde existe uma possibilidade de *revogação da oferta por parte do oferente em detrimento do interesse dos sócios em vender as suas ações.*

Conclui-se, pois, que apenas nos casos de existência de uma condição válida ou de alteração das circunstâncias podem os acionistas, de facto, enquanto destinatários da oferta, perder a possibilidade de vender as suas ações naquele processo. Pelo contrário, naturalmente, todos os atos de gestão praticados que não se sejam suscetíveis de levar a um cenário de alteração das circunstâncias[52] ou de preencher uma condição validamente estabelecida

[52] O instituto da alteração das circunstâncias é, neste sentido, excecional, devendo sempre, salvo se preenchidos os pressupostos para a aplicação daquele, prevalecer o princípio da estabilidade da oferta – cfr. Paulo Câmara, *Manual de direito dos valores mobiliários*, cit., p. 653: «este é sempre um instituto subsidiário, apenas se aplicará quando for forçoso introduzir modificações aos termos da proposta para repor o equilíbrio da oferta, por obediência aos princípios da boa-fé, e na medida do necessário para corrigir a base em que o oferente decidiu lançar a oferta. A sua excecionalidade é ainda maior num domínio em que deve prevalecer a estabilidade da oferta».

que confira o poder ao oferente de revogar a oferta, não são suscetíveis de prejudicar a subsistência da oferta, isto é, de levar a que os acionistas percam efetivamente a possibilidade de venda das suas participações.

Sempre se poderá perguntar se a própria violação do disposto no artigo 182.º não consubstancia uma alteração das circunstâncias suscetível de permitir ao oferente a revogação da oferta. Todavia, o que se pretende demonstrar é que o processo metodologicamente correto é o oposto: aqueles atos apenas serão proibidos *se* se traduzirem numa alteração das circunstâncias suscetível de levar à revogação da oferta, ou se preencherem uma qualquer condição validamente estabelecida que permita, igualmente, ao oferente retirar a oferta – tanto num como noutro, a prática daqueles atos leva ou pode levar a que os acionistas não tenham a possibilidade de aproveitar a oportunidade de alienar as suas participações. De outro modo, haverá que averiguar o que é que neste domínio se traduz numa alteração das circunstâncias – ou caso a caso, compreender a condição estabelecida –, para, posteriormente, se interpretar o que sejam *atos suscetíveis de alterar de modo relevante a situação patrimonial da sociedade visada que não se reconduzam à gestão normal da sociedade e que possam afetar de modo significativo os objetivos anunciados pelo oferentes.*

Em suma, posto que apenas em caso de prática de atos que representem uma alteração das circunstâncias ou da existência de uma condição válida o oferente poderá retirar a oferta, nos demais casos, os atos praticados pelos administradores não são suscetíveis de dar lugar ao perigo de os acionistas deixarem de poder vender as suas ações. Se a prática daqueles atos não envolve o risco de lesão dos interesses tutelados pela norma, daqui decorre que a *ratio* da norma constante do artigo 182.º, n.º 1 não se encontra preenchida. O não preenchimento da razão justificativa, nos casos ora em apreço, leva à necessidade de se reduzir teleologicamente a norma constante do artigo 182.º, n.º 1. A regra contida no enunciado normativo, como demonstrado, é concebida, segundo o seu sentido literal, demasiado amplamente face ao fim da regulação[53]. Apenas os casos que se possam traduzir na perda da possibilidade de venda das ações por parte dos acionistas destinatários da oferta, justificam a imposição do dever de neutralidade: nenhum mais. Esses casos são apenas os acabados de enunciar.

[53] Cfr. Karl Larenz, *Metodologia da ciência do Direito*, cit., p. 556. Tal como salienta o autor, «[...] assim como a justificação da analogia radica no imperativo de justiça de tratar igualmente os casos iguais segundo o ponto de vista valorativo decisivo, também a justificação da redução teleológica radica no imperativo de justiça de tratar desigualmente o que é desigual, quer dizer, de proceder às diferenciações requeridas pela valoração».

De acordo com o artigo 130.º, n.º 1, «a oferta pública só é revogável nos termos do artigo 128.º», devendo ser divulgada imediatamente, através de meios iguais aos utilizados para a divulgação do prospeto ou documento exigível de acordo com a legislação da União Europeia (n.º 2). A remissão para o artigo 128.º, demonstra que a revogação apenas é possível em «em caso de alteração imprevisível e substancial das circunstâncias que, de modo cognoscível pelos destinatários, hajam fundado a decisão de lançamento da oferta, excedendo os riscos a estas inerentes, pode o oferente, em prazo razoável e mediante autorização da CMVM, modificar a oferta ou revogá-la»[54].

Na medida em que apenas nestes caso pode, de facto, o oferente retirar a sua oferta, aquilo que se entenda por (i) alterar de modo relevante a situação patrimonial da sociedade; (ii) que não se reconduzam à gestão normal da sociedade; e (iii) que possam afetar de modo significativo os objetivos anunciados pelo oferente, deve ser interpretado em coerência com o disposto no artigo 128.º e com a existência de uma condição válida[55].

3.1.1 Alteração das circunstâncias no âmbito das ofertas públicas de aquisição

Saber quando pode o oferente revogar ou modificar a oferta depende da concretização dos pressupostos previstos no artigo 128.º[56]. De acordo com esta

[54] Note-se que a própria modificação da oferta deve ser feita naqueles termos, como consta do artigo 129.º, n.º 1, segundo o qual «a modificação da oferta, nos termos do artigo 128.º, ou a sua revisão, nos termos do artigo 128.º-A, constitui fundamento de prorrogação do respetivo prazo, decidida pela CMVM por sua iniciativa ou a requerimento do oferente».

[55] Cfr. *infra* ponto 3.1.2.

[56] A propósito da matéria referente à alteração das circunstâncias e a sua articulação com as ofertas públicas, cfr. Paula Costa e Silva, "Ofertas públicas e alteração das circunstâncias", in *Direito dos Valores Mobiliários*, vol. IV, Coimbra Editora, Coimbra, 1999, pp.127-147; Diogo Bordeira Neves/Filipe Afonso Rocha, "Alteração das circunstâncias, cláusulas MAC e mecanismos de condicionalidade em OPAs", in *RDFMC*, 2, 2021, pp. 537-570; A. Barreto Menezes Cordeiro, *Manual de direito dos valores mobiliários*, Almedina, Coimbra, 2018, pp. 363 e ss. Todavia, não nos podemos esquecer nunca que o artigo 128.º é uma adaptação do regime geral que consta do artigo 437.º do CC. Nesta medida, a sua compreensão depende da compreensão deste último. Sobre a alteração superveniente das circunstâncias, nos termos do preceito civilístico, veja-se, entre outros, Mariana Fontes da Costa, *Da alteração superveniente das circunstâncias – em especial à luz dos contratos bilateralmente comerciais*, Almedina, Coimbra, 2019; António Menezes Cordeiro, *Da alteração das circunstâncias: a concretização do artigo 437.º do código civil, à luz da jurisprudência posterior a 1974*, Separata dos Estudos em Memória do Prof. Doutor Paulo Cunha, AAFDL, Lisboa, 1987;

disposição, o oferente pode revogar ou modificar a oferta desde que se verifiquem, cumulativamente, os seguintes pressupostos: (i) ter ocorrido uma alteração das circunstâncias que fundaram a decisão de lançamento da oferta; (ii) serem as circunstâncias que fundaram a decisão de lançar a oferta cognoscíveis pelos respetivos destinatários; (iii) ser a alteração imprevisível; (iv) ser a alteração substancial; e (v) que a alteração ocorrida exceda os riscos inerentes à oferta. A semelhança com o disposto no artigo 437.º do Código Civil é notória, sendo-o contudo, também as suas diferenças.

(i) As circunstâncias que fundaram a decisão de lançar a oferta

Em primeiro lugar, para que a revogação ou modificação por parte do oferente seja lícita é necessário que se dê uma alteração superveniente das circunstâncias que *fundaram a decisão de lançar a oferta*. Paralelo resulta já do artigo 437.º, n.º 1, do CC: «se as circunstâncias em que as partes fundaram a decisão de contratar tiverem sofrido uma alteração anormal, tem a parte lesada direito à resolução do contrato, ou à modificação dele segundo juízos de equidade, desde que a exigência das obrigações por ela assumidas afete gravemente os princípios da boa fé e não esteja coberta pelos riscos próprios do contrato».

Como escreve Paula Costa e Silva, «as circunstâncias são uma realidade objectiva, o enquadramento fáctico do negócio, que as partes pressupõem vigente no momento em que se vinculam e cuja evolução prefiguram e que explicam o negócio enquanto tal. As circunstâncias em que as partes fundam a decisão de contratar são a base objectiva do negócio, as circunstâncias externas que justificam aquele concreto negócio»[57]. É nesta medida que sustenta que estas devem ser contrapostas aos motivos subjetivos que terão determinado a parte a contratar[58]. Trata-se, portanto, aqui, de circunstâncias objetivas e, como veremos, que carecem da cognoscibilidade pelos destinatários da oferta. Estas circunstâncias não devem, pois, entender-se numa aceção subjetiva, isto é, a vontade do sujeito não declarada.

Nuno Pinto Oliveira, "Em tema de alteração das circunstâncias: a prioridade da adaptação/modificação sobre a resolução do contrato", in *Edição comemorativa do cinquentenário do Código Civil*, coord. Elsa Vaz de Sequeira e Fernando Olavo e Sá, Universidade Católica Editora, Lisboa, 2017, pp. 255-311 e ainda Manuel Carneira da Frada, *Alteração das circunstâncias e justiça do contrato*, Principia, 2021.

[57] Cfr. Paula Costa e Silva, "Ofertas públicas e alteração das circunstâncias", cit., p. 137.

[58] *Idem*, onde sustenta que «a diferença entre umas e outros tem reflexos no nosso direito civil. No art. 252.º do CC o legislador contrapôs os motivos que determinaram o acto de autovinculação à base do negócio. E esta distinção é normalmente referida como essencial na medida em que sela decorrerá, pelo menos na aparência, uma diversidade de regimes».

Todavia, ao contrário da redação do artigo 437.º, n.º 1, do CC, o artigo 128.º pressupõe antes as circunstâncias que fundaram a decisão de lançar a oferta. Esta adaptação do disposto no artigo 437.º, n.º1, do CC não deve, contudo, ser de estranhar. O instituto da alteração das circunstâncias, nos termos do artigo 437.º do CC, quando transposto para o domínio do Direito dos valores mobiliários carece, naturalmente, de uma correta articulação com o contexto onde irá atuar. Isto vale, como veremos, para qualquer um dos seus pressupostos.

(ii) A cognoscibilidade pelos destinatários da oferta

Como segundo pressuposto para a licitude da revogação ou modificação da oferta é necessário que haja a cognoscibilidade das circunstâncias que fundaram a decisão de lançamento enquanto base do negócio pelos destinatários da oferta. Assim, «o que se espera dos destinatários é que estes possam discernir quais são as circunstâncias que o oferente considerou fundamentais para a sua tomada de decisão»[59]. Nos termos do artigo 128.º, a cognoscibilidade refere-se às circunstâncias que hajam fundado a decisão do *oferente* de lançar a oferta. Por comparação com o disposto no artigo 437.º do CC, de onde resulta que a alteração tem de ser relativa às circunstâncias que fundaram a decisão *das partes* de contratar, deparamo-nos com a primeira adaptação do regime geral no âmbito das ofertas públicas. Esta exigência de cognoscibilidade enquanto base do negócio justifica-se em razão do ato jurídico típico a que o legislador se refere no âmbito mobiliário: no âmbito das ofertas públicas, ao contrário do regime civilístico, o ato de referência é o ato de iniciativa do oferente que é, tipicamente, unilateral[60]. Neste sentido, se o ato segundo o qual é estruturado o regime da alteração das circunstâncias no âmbito das ofertas públicas, é um ato unilateral, a base do negócio apenas pode ser por referência as circunstâncias que levaram o oferente a lançar a oferta[61].

[59] Cfr. Paula Costa e Silva, "Ofertas públicas e alteração das circunstâncias", cit., pp. 138-139.

[60] Com escreve Paula Costa e Silva, "Ofertas públicas e alteração das circunstâncias", cit., p. 139, «no CC, e apesar de dizer que está prevendo o regime do negócio jurídico, o legislador toma como paradigma, na maioria das disposições gerais, os negócios bilaterais. Ao invés, quando trata do regime das ofertas públicas, o legislador centra a sua atenção no acto de oferta, no acto que é da iniciativa do oferente. Este acto é tipicamente unilateral: não depende de qualquer intervenção juridicamente relevante de terceiro pra produzir os seus efeitos». Seguindo o mesmo entendimento, Diogo Bordeira Neves/Filipe Afonso Rocha, "Alteração das circunstâncias, cláusulas MAC e mecanismos de condicionalidade em OPAs", cit., p. 544.

[61] Cfr. Paula Costa e Silva, "Ofertas públicas e alteração das circunstâncias", cit., p. 139, onde continua, «se o acto-padrão sobre o qual o legislador estrutura o regime é um acto unilateral e se o acto é o acto praticado pelo oferente, é normal que considere como base deste negócio as circunstâncias que fundaram a decisão do oferente de lançar a oferta».

Por outro lado, o artigo 128.º refere-se a *cognoscibilidade* e não a conhecimento efetivo do carácter essencial de determinadas circunstâncias pelos destinatários da oferta. Daqui resulta que os destinatários da oferta não têm de conhecer aquelas circunstâncias, mas antes ter podido conhecer aquelas mesmas circunstâncias que fundaram a decisão do oferente de lançar a oferta. O mesmo significa que, tratando a base do negócio de factos puramente internos, no regime das ofertas públicas, a modificação ou revogação da oferta, nos termos do artigo 128.º, depende não do conhecimento efetivos pelos destinatários daquelas circunstâncias, mas da possibilidade de conhecimento por aqueles sujeitos da essencialidade para o oferente desses factos[62].

Ora, não seria coerente exigir a cognoscibilidade dos destinatários da oferta se as circunstâncias que fundaram a decisão de lançar a oferta não pudessem ser – ainda que não o fossem de facto – apreensíveis por algum meio. Todavia, os destinatários podem ter sempre conhecimento daquelas circunstâncias na medida em que a sua apreensão deve partir da análise do conteúdo do prospeto: devendo as informações que deste constem respeitar as exigências previstas no artigo 7.º, n.º 1 e 135.º, n.º 1 (informação completa, verdadeira, atual, certa, objetiva e lícita).

De acordo com o artigo 136.º, n.º1, alínea b), o prospeto deve incluir informações sobre os objetivos da oferta, sendo que o artigo 138.º e o artigo 183.º-A regulam o conteúdo do prospeto e os elementos essenciais para a formação dos contratos, respetivamente. Não se exige, naturalmente, que os destinatários da oferta conheçam, ou possam conhecer, aquelas circunstâncias, sem uma base para aferir as mesmas. Se no regime civilístico, o conhecimento das circunstâncias da base do negócio que se exige a ambas as partes, tem de ser efetivo, este parte da circunstância de que as partes encetaram negociações mediante as quais era possível terem presente determinada realidade.

[62] Como sufragado, mais uma vez, por Paula Costa e Silva, "Ofertas públicas e alteração das circunstâncias", cit., p. 139, a oferta é dirigida ao universo de acionistas que o são em grande número e, tendencialmente, desconhecidos. Por outro lado «o conhecimento é um facto pessoal e psicológico. Se o oferente não tem meios de saber quem são os destinatários da oferta, porque somos todos nós, seria impossível que se lhe exigisse que provasse que todos e cada um de nós sabíamos, de facto interno, que determinada circunstância fora essencial para a decisão de lançamento da oferta». Esta é uma clara contraposição ao estabelecido no regime civil, onde se exige que ambas as partes conheçam, em termos efetivos, aquelas circunstâncias – cfr. António Menezes Cordeiro, *Anotação ao artigo 437.º*, in *Código civil comentado*, II, Das obrigações em geral, Almedina, Coimbra, 2021, pp. 270-284, p. 277 –, levando a falsa representação da base do negócio ao erro, previsto no artigo 252.º, n.º 2, do CC, ainda que apenas uma das partes esteja em erro sobre a base do negócio.

Quando no caso das ofertas públicas existe uma mera proposta a um conjunto indeterminado de sujeitos, aquela circunstância pressuposta pelo regime civilístico não sucede[63]. Assim, as circunstâncias que fundaram a decisão de lançar a oferta devem encontrar-se devidamente especificadas nos termos dos artigos anteriores, permitindo que as mesmas sejam cognoscíveis pelos destinatários da mesma.

A referência à *cognoscibilidade* coloca ainda a questão de saber qual o padrão mediante o qual se afere esta cognoscibilidade. No âmbito dos valores mobiliários, em que tendencialmente nos movemos num universo onde as sociedades cotadas são sociedades de grandes dimensões, é desde logo notório que os investidores que nelas investem não apresentam o mesmo perfil[64]. Tanto se move no mercado mobiliário investidores qualificados, como investidores não qualificados que utilizam aquele mercado como um meio de obtenção de algum tipo de rendimento. Estes últimos, não raras vezes, são sujeitos sem qualquer conhecimento do mercado e que apenas atuam nele com base em intuições.

Face a esta heterogeneidade, aquilo que seja o padrão mediante o qual se afira a cognoscibilidade, nos termos do artigo 128.º, deve ter em conta a diferença de conhecimento do mercado que caracteriza os sujeitos que nele se movem. Tendo em conta a ausência de estabelecimento do padrão exigido pelo CVM, Paula Costa e Silva sustenta que «se um investidor especializado conhece, tão bem quanto o oferente, que circunstâncias podem ser determinantes para o lançamento da oferta, já estas circunstâncias podem não ser apreensíveis por um investidor que desconhece o funcionamento do mercado. Isto significa que tomar o investidor especializado como padrão para a cognoscibilidade penaliza fortemente os demais investidores que podem não ter meios para se aperceberem da essencialidade de dada circunstância. Ao invés, exigir uma cognoscibilidade desta essencialidade pelo investidor que não tem quaisquer conhecimentos do mercado implicará uma

[63] Daí que, no caso das ofertas públicas de aquisição seja fundamental todo o processo a si associado – cfr. Paulo Câmara, *Manual de direito dos valores mobiliários*, cit., p. 678: o *iter da oferta te, necessariamente de compreender* «um *anuncio de lançamento*, que incorpora em si os elementos essenciais da declaração contratual do oferente e cuja divulgação determina o início da oferta».

[64] Esta afirmação pode, desde logo, ser confirmada pela circunstância de os intermediários financeiros avaliarem ou classificarem os seus clientes, consoante as suas características. Neste sentido, os intermediários financeiros devem classificar os clientes em função da sua experiência e dos seus conhecimentos sobre o investimento nos mercados de capitais e em função da sua capacidade para avaliar o risco associado ao investimento que pretendem realizar. O próprio CVM em diversas disposições distingue uns de outros.

penalização do oferente. Este balanço aponta no sentido de a determinação da cognoscibilidade ser aferida por relação a um investidor médio, o que quer que isto possa, em concreto, significar»[65].

(iii) A imprevisibilidade da alteração

O terceiro pressuposto para que o oferente possa revogar ou modificar a oferta com base numa alteração das circunstâncias prende-se com a imprevisibilidade dessa alteração. O artigo 128.º diverge, também aqui do disposto no artigo 437.º, n.º 1, do CC, onde se estabelece que a alteração deve ser anormal e não imprevisível. Ao contrário de alguns autores, estamos em crer que os dois conceitos se associam[66]. Daqui resulta, desde logo, que se o oferente puder contar com a alteração das circunstâncias que fundaram a decisão de lançar a oferta no momento em que a lança, apenas lhe cabe a ele a decisão de, perante essa previsão, lançar ou não a oferta ficando a ela vinculada[67]. Isto é, se mediante um juízo de prognose for possível ao oferente prever determinado acontecimento que seria qualificado como uma alteração das circunstâncias, a decisão de lançamento da oferta após aquele juízo de prognose, verificando-se posteriormente o acontecimento previsto, vincula-o na medida em que o oferente ainda assim decidiu lançá-la.

[65] Cfr. Paula Costa e Silva, "Ofertas públicas e alteração das circunstâncias", cit., p. 140. Estamos em crer que a razão está com a autora. No entanto, o facto de a determinação da cognoscibilidade ser aferida por relação a um investidor médio, não pode querer significar sempre um investidor médio tendo em conta o universo heterogéneo que se reporta a todos os investidores. Note-se, por exemplo, que as ofertas, nos termos do artigo 110.º, n.º1, alínea a), são tidas como particulares se dirigidas apenas a investidores qualificados. Nestes termos, estabelece-se que as ofertas de aquisição podem ser dirigidas a um conjunto de sujeitos que, independentemente das demais diferenças, são sempre investidores qualificados. Ora o facto de a determinação da cognoscibilidade dever ser reportada ao investidor médio, não será a um investidor médio aferido por referência a todos os investidores no mercado, mas a um investidor médio dentro do círculo de sujeitos a que a oferta é dirigida. O investidor médio, para efeitos de uma oferta particular é um investidor que, comparado com os demais investidores não qualificados, detém um grau de investidor qualificado – porque aquelas ofertas só se dirigem a investidores com estas características. Sendo a oferta particular dirigida apenas a um universo que se reporta a investidores qualificados, é tendo em conta essa circunstância que se deve definir o que se entenda por investidor médio dentro daquele círculo de destinatários da oferta.

[66] Dissociando a anormalidade da imprevisibilidade, sustentando que os requisitos não são idênticos Manuel Carneiro da Frada, *Alteração das circunstâncias e justiça no contrato*, cit., p. 42, na senda de Luís Carvalho Fernandes, *A teoria da imprevisão no Direito civil português*, Lisboa, Quid Iuris, 2001, p. 291.

[67] Cfr. Paula Costa e Silva, "Ofertas públicas e alteração das circunstâncias", cit., p. 141.

A referência à imprevisibilidade significa «exigir que a evolução das circunstâncias que foram adequadamente prefiguradas pelo oferente acabou por se revelar absolutamente anómala»[68]. Joga-se aqui com o paralelo da anormalidade pressuposto pelo regime civilístico. Como se sustenta a propósito do artigo 437.º, n.º 1, do CC, se as partes podiam ter previsto a sua ocorrência, tomando, na conclusão do contrato, as medidas necessárias, a alteração não é imprevisível (anormal), mas sim previsível (normal)[69]. Daqui resulta que as partes não podiam razoavelmente contar com o que veio a acontecer. Se assim é, diríamos que, quando as partes não tenham previsto, mas o pudessem ter previsto agindo em conformidade com essa mesma previsão, a alteração não se dirá imprevisível.

Quando as partes possam prever uma alteração, joga-se numa ponderação delicada entre a aplicação do instituto – que levaria à desvinculação ou modificação – e a sua não aplicação – exigindo que a oferta se mantenha como inicialmente proposta. É certo que no limite se pode dizer que as partes podem prever as mais absurdas alterações, mas não é disto que se trata. Falamos apenas da possibilidade de previsão de alterações que razoavelmente se poderiam prever. Quanto às demais, seria irrisório sustentar que o oferente continuaria vinculado aos termos iniciais da oferta.

A distinção entre alterações que podiam razoavelmente ser previstas – ainda que não o tenham sido – e alterações que não podiam razoavelmente ser previstas, demonstra especial importância no que diz respeito à procura, por parte do conselho de administração da sociedade visada, de ofertas concorrentes. Pode dizer-se que o lançamento de uma oferta concorrente constitui uma alteração imprevisível das circunstâncias? Estamos em crer que não.

[68] *Idem.*

[69] Cfr. António Menezes Cordeiro, *Anotação ao artigo 437.º*, cit., p. 277. O autor defende que a alteração imprevisível implica também os casos em que as partes não tinham pensado nela, devendo a imprevisibilidade ser objetiva. Em sentido diverso, Manuel Carneiro da Frada, *Alteração das circunstâncias e justiça do contrato*, p. 42, sustenta que «uma alteração anormal é aquela que se desvia do regular curso das coisas», não se confundindo, pois, com o que é imprevisível «inédito, ou mesmo inequacionável». O autor procede à distinção entre «um aprevisibilidade geral/ abstrata e a previsibilidade concreta. Trata-se de diferenciar eventos que são teoricamente possíveis, mas altamente improváveis – suscetíveis de previsão pelas partes, sem que, contudo, elas possam antecipar razoavelmente a sua ocorrência aquando da contratação –, e os eventos que elas poderiam efetivamente considerar passiveis de verificação com um razoável ou elevado grau de probabilidade no caso concreto». Concluindo que aquelas que sejam abstratamente previsíveis, «mas cuja verificação não seja expectável no caso concreto, não têm de ser consideradas normas para afastar o art. 437, n.º 1».

Como sustenta Paula Costa e Silva, «nada é mais previsível do que a possibilidade de ser lançada uma oferta concorrente quando se lança uma oferta pública de aquisição»[70]. Aliás, nos termos do artigo 182.º, n.º 3, alínea c), os administradores da sociedade visada podem, inclusive, na pendência da OPA procurar ofertas concorrentes[71]. Esta possibilidade, que é conhecida pelo oferente, demonstra que este não se pode valer do lançamento de uma oferta concorrente para revogar a oferta com fundamento numa alteração *imprevisível* das circunstâncias[72].

(iv) A substancialidade da alteração

O quarto pressuposto para que o oferente possa revogar ou modificar as condições da oferta prende-se com a substancialidade da alteração. Exigir que a alteração deva ser substancial é o mesmo que «exigir o desvio entre as circunstâncias, tal como se apresentariam perante uma evolução normal, e as circunstâncias, tal como se vêm efectivamente a verificar depois de lançada a oferta, seja muito significativo»[73]. Todavia, não devemos ficar por aqui. A remissão para a "divergência muito significativa" carece de maior precisão.

No momento de lançamento da oferta a evolução das circunstâncias, se corressem o curso normal, levaria a um resultado distinto do que aquele em que se encontra o oferente aquando da verificação da alteração. Mas o desvio face à evolução das circunstâncias caso a oferta tivesse ocorrido nos termos da evolução normal associada àquele processo, e as circunstâncias que se vêm a verificar posteriormente, tem de ser um desvio não só imprevisível, mas que não se apresente como razoável tendo em conta as circunstâncias envoltas à oferta no momento de lançamento da mesma. A alteração é substancial

[70] Cfr. Paula Costa e Silva, "Ofertas públicas e alteração das circunstâncias", cit., p. 141.

[71] Solução que resulta já da própria Diretiva das OPA, nos termos do artigo 9.º, n.º 2. A mesma solução vigora no ordenamento jurídico alemão – no caso em que se aplique o modelo *opt-in* –, que segundo o §33a II 4 WpÜG, se excetuam dos atos proibidos a procura de uma oferta concorrente.

[72] Note-se, todavia, que resultava do revogado artigo 185.º-B, n.º 4 do CVM, segundo o qual «o lançamento de oferta concorrente constitui fundamento de revogação de ofertas voluntárias nos termos do artigo 128.º». Este preceito foi revogado pela Lei n.º 99/2021. Estamos em crer que a revogação do disposto naquele preceito se deve justamente pelo reconhecimento de que o lançamento de uma oferta concorrente, mesmo em termos de coerência sistemática, não é suscetível de se caracterizar por uma *alteração imprevisível*, pressuposto essencial para fazer espoletar a aplicação do instituto da alteração das circunstâncias.

[73] Cfr. Paula Costa e Silva, "Ofertas públicas e alteração das circunstâncias", cit., p. 142.

quando o desvio face ao resultado previsível, quando analisado à luz do novo circunstancialismo, se apresente como irrazoável[74].

(v) Exceder os riscos inerentes à oferta

Por fim, para que o oferente possa revogar ou modificar a oferta com fundamento em alteração das circunstâncias é necessário que a alteração exceda os riscos inerentes à própria oferta. Este requisito é comum ao estabelecido no artigo 437.º, n.º 1 do CC. Nos termos daquele último, ANTÓNIO MENEZES CORDEIRO, sustenta que «este requisito não pode ser reduzido à ideia de que não cabe a revisão ou resolução, quando se deem alterações dentro da álea que todo o contrato, ainda que em medida variável, sempre implica. Tal álea está já duplamente salvaguardada no 437.º/1, pela normalidade da modificação e pela boa-fé», assim, o que no regime civilístico está em causa, segundo sustenta é conferir àquele preceito «natureza supletiva perante o regime legal ou contratual do risco e, mais latamente, a todas as regras de imputação de danos. Por esta via, os contratos de risco ficam, em princípio, fora da alteração das circunstâncias»[75].

Já PAULA COSTA E SILVA, a propósito do disposto no artigo 128.º, esclarece que deverá encontra-se um sentido útil a esta referência, na medida em que não é claro como pode uma alteração imprevisível ser coberta pela álea própria

[74] No mesmo sentido, PAULA COSTA E SILVA, "Ofertas públicas e alteração das circunstâncias", cit., p. 141. A este propósito nota A. BARRETO MENEZES CORDEIRO, *Manual de direito dos valores mobiliários*, cit., p. 365 que «a substancialidade da alteração não encontra paralelo no regime comum. Por seu lado, não é feita, no artigo 128.º, qualquer menção ao princípio da boa-fé, elemento central do instituto da alteração das circunstâncias, nos moldes previstos no artigo 437.º do CC. [...] A não referência expressão ao princípio da boa-fé não significa que este não deva ser respeitado, a todo o tempo. Recorde-se que a boa-fé consubstancia a face mais visível do que comumente se designa por: o espírito do sistema».

[75] Cfr. ANTÓNIO MENEZES CORDEIRO, *Anotação ao artigo 437.º*, cit., pp. 278-279. Sobre o tema pronuncia-se ainda MANUEL CARNEIRO DA FRADA, *Alterações das circunstâncias e justiça do contrato*, cit., pp. 54-57. Segundo este, referindo-se ao artigo 437.º do CC, sustenta que «[...] o preceito estabelece antes a insuficiência de muitas de tais normas especiais que determinam, sob diversos aspetos, o regime de risco dos diversos tipos contratuais quando estejam em causa superveniências contratuais», colocando-se o artigo 437.º do CC, «[...]acima das normas disseminadas pelo Código e dos planos ordinários de risco definidos por essas outras normas, corrigindo-as ou completando-as». Conclui o autor no sentido de que «onde haja a obrigação de suportar o risco de uma certa superveniência ao abrigo de uma regra legal ou contratual específica, excluir-se-á por certo a possibilidade de resolução ou modificação do contrato por alteração das circunstâncias. Contudo, tal apenas poderá concluir-se depois de interpretada devidamente essa regra, averiguando se a sua *ratio* abrange ainda o tipo de superveniência que veio a verificar-se, presente o disposto no art. 437, n.º 1».

de um negócio. Nestes sentido, «a única forma de se encontrar um sentido útil para este elemento das previsões legais acima indicadas consiste em afirmar que pode haver negócios cujo risco vai ao ponto de estes se deverem manter sejam quais forem as circunstâncias existentes no momento do cumprimento [...] apenas neste caso pode ocorrer uma alteração imprevisível das circunstâncias ainda coberta pela álea própria da vinculação»[76]: se assim não fosse, o requisito seria vazio, porque consumido pelo da imprevisibilidade da alteração.

De facto, a referência à excedência dos riscos próprios da oferta parece remeter para o já analisado requisito da sua imprevisibilidade. Vimos a propósito daquele que mesmo que as partes não tenham previsto a alteração, mas o pudessem ter feito, a alteração deixa de ser imprevisível, sendo antes previsível. Quando o artigo 128.º exige que a alteração tenha ainda de exceder os riscos próprios da oferta, nos casos em que a alteração seja imprevisível, parece de difícil articulação com este último requisito. Estamos em crer que a única hipótese é, de facto, a sufragada por aquela última autora. Nos contratos de risco (pense-se nos contratos derivados, seguros e garantias), a imprevisibilidade é-lhes inerente. Todavia, dependendo do concreto contrato de risco em causa, é possível afirmar que, ainda que imprevisível, a alteração ainda se reconduz ao risco próprio daqueles contratos. Só assim servirá a autonomização dos dois pressupostos.

Não sendo a OPA um contrato de risco, mas antes uma proposta de aquisição de determinadas participações numa concreta sociedade cotada, os riscos inerentes à oferta devem ter-se como aqueles riscos cujo oferente deve suportar à luz das disposições legais existentes. O mesmo significa que ao oferente apenas é exigido suportar o risco de determinado evento superveniente (imprevisivel), quando essa suportação decorra de uma regra legal ou contratual específica[77]. Fora esses casos, não caindo aquele concreto risco dentro da álea de risco do tipo contratual em causa, e não tendo o oferente razoavelmente previsto a sua ocorrência, não terá de o suportar, podendo desvincular-se da proposta feita.

[76] Cfr. Paula Costa e Silva, "Ofertas públicas e alteração das circunstâncias", cit., p. 142.

[77] Por exemplo, por se estabelecer, através de uma determinada cláusula – pense-se nas cláusulas de hardship ou de MAC – que o oferente suportará determinado risco que, caso não existisse essa mesma cláusula, se inseria no âmbito de aplicação do artigo 128.º. Sobre estas cláusulas veja-se o ponto seguinte.

3.1.2 O estabelecimento de uma condição válida no âmbito das ofertas públicas de aquisição: em especial, as condições suscetíveis de conduzir à retirada da oferta por parte do oferente

Para além do caso de alteração das circunstâncias questiona-se se se pode estabelecer condições que permitam ao oferente revogar ou modificar a oferta[78]. A questão parece ser resolvida pelo artigo 124.º, respeitante ao conteúdo da oferta[79]. Nos termos do seu n.º 1, que apenas trata dos casos de modificação do conteúdo da oferta, este não pode ser modificado salvo nos casos previstos nos artigos 128.º, 172.º e 184.º. Importa-nos, todavia, os seus n.os 3 e 4, na medida em que apenas estes dizem respeito ao estabelecimento de condições suscetíveis de conduzir à revogação da oferta por parte do oferente, e, portanto, levando à possibilidade de os acionistas,

[78] Um negócio jurídico, nos termos do artigo 270.º do CC, pode estar sujeito a uma condição suspensiva ou resolutiva. O mesmo vale para uma oferta pública de aquisição, valendo aqui, em tudo o que não contrarie as valorações próprias do direito dos valores mobiliários. Note-se, todavia, que o regime respeitante à admissibilidade do estabelecimento de condições nos termos do artigo 124.º vale para a generalidade das ofertas, excetuando-se, todavia, as ofertas públicas de aquisição obrigatórias – cfr. PAULO CÂMARA, *Manual de direito dos valores mobiliários*, cit., p. 713. No que diz respeito a estas últimas, tendencialmente não pode o oferente fazer depender a eficácia da oferta de uma qualquer condição, ainda que esta cumpra com o disposto no artigo 124.º- quanto a estas existe um *dever* de lançamento que não pode ser contornado pelo estabelecimento de uma qualquer condição que permita ao oferente retirar a oferta. Assim, aquilo que escrevemos em texto diz única e exclusivamente respeito às OPA voluntárias, excluindo as obrigatórias.

[79] Quando se refere a possibilidade de sujeitar a OPA a uma *condição* poder-se-á estar a referir a duas situações distintas. Há que distinguir as *condições da decisão da oferta* e as *condições da eficácia da oferta*. Sobre a distinção, veja-se PAULO CÂMARA, *Manual de direito dos valores mobiliários*, cit., p. 711. No que diz respeito às primeiras, «se a oferta ainda não está decidida, surgindo condicionantes à própria decisão da oferta, em rigor não está ainda constituído o dever de publicação do anúncio preliminar. Com efeito, o art. 175.º sentencia que o anúncio preliminar só é publicado quando tomada uma decisão incondicionada da oferta – este é um preceito que se prende com *condições da decisão da oferta*». Não há, neste concreto caso, verdadeira oferta ainda. Encontramo-nos antes numa fase preliminar de decisão de lançamento ou não da OPA: não há, pois, ainda, uma intenção inequívoca de lançar a oferta sobre determinadas ações de uma sociedade. Para o que nos importa, estas primeiras não são relevantes. Importam-nos antes as *condições da eficácia da oferta*. Na medida em que aquilo que se analisa neste seio é a possibilidade de revogação da oferta por parte do oferente, levando a que os acionistas, enquanto destinatários da oferta, percam a possibilidade de venda das suas ações, apenas será de ter em conta a possibilidade de fixação de condições, após o lançamento, que permitam a *revogação* da oferta. É esta última figura que se encontra no artigo 124.º, mais especificamente, no que há revogação diz respeito, nos seus n.os 3 e 4.

destinatários da oferta, perderem a possibilidade, se nisso interessados, de alienar as suas participações.

Nestes casos, estamos perante *condições de eficácia da oferta*, ficando a celebração do negócio aquisitivo que a oferta tem em vista condicionado a determinados eventos. Esses não podem, todavia, ser todos e quaisquer eventos. Segundo o disposto no artigo 124.º, n.º 3, a oferta só pode ser sujeita a condições que correspondam a *um interesse legítimo do oferente e que não afetem o funcionamento normal do mercado*, estabelecendo ainda o n.º 4 que essa mesma condição não pode ser uma condição *cuja verificação dependa do oferente*[80]. Aquilo que se entenda como «corresponder a um interesse legitimo do oferente» e «que não afetem o funcionamento normal do mercado» extravasa o objeto deste estudo. O que importa para este efeito é apenas clarificar que caso exista uma condição validamente estabelecida que permita, pela verificação de um qualquer efeito – que cumpra o disposto no artigo 124.º, n.ºs 3 e 4 –, ao oferente retirar a sua oferta, os atos de gestão a praticar pelo conselho de administração que sejam suscetíveis de dar lugar à verificação daqueles efeitos são proibidos de serem levados a cabo por aquele, salvo autorização da assembleia geral (artigo 182.º, n.º 3, b)).

Neste sentido, não só se responde afirmativamente à questão de saber se se pode apor condições de eficácia à oferta, que permitam ao oferente retirar a mesma caso se verifica um ou vários eventos, como fica claro que esta possibilidade – de o oferente retirar a oferta – apenas ocorre em casos de alteração das circunstâncias ou do estabelecimento válido destas condições.

Em suma, será de sustentar, como *supra* adiantado, que uma solução metodológica e sistematicamente coerente impõe que a norma do artigo 182.º, n.º 1, seja interpretada no sentido de que os membros do conselho de administração estão proibidos de praticar aqueles atos apenas quando haja a possibilidade de os sócios, enquanto destinatários da oferta, perderem a oportunidade de venda dessas mesmas ações. Esta é a única solução coerente atendendo à *ratio* da norma. Impõem-se, portanto, nos demais casos, uma redução teleológica da norma, com vista à não proibição da prática de determinados atos de gestão quando não se verifique o perigo que a norma visa justamente evitar – *i.e.* a possibilidade de os acionistas, enquanto destinatários

[80] O mesmo resulta igualmente da lei alemã, nos termos do §18 I WpÜG, que veda o estabelecimento de condições cuja verificação dependa do oferente ou de sujeitos sob sua orientação (*Ein Angebot darf vorbehaltlich § 25 nicht von Bedingungen abhängig gemacht werden, deren Eintritt der Bieter, mit ihm gemeinsam handelnde Personen oder deren Tochterunternehmen oder im Zusammenhang mit dem Angebot für diese Personen oder Unternehmen tätige Berater ausschließlich selbst herbeiführen können*).

da oferta, perderem a possibilidade de venda das suas ações por uma atuação dos membros do conselho de administração que se podem encontrar, na pendência da OPA, em situação de conflito de interesses.

Em conclusão, esclarecido que apenas nos casos de alteração das circunstâncias, nos termos do artigo 128.º, ou de uma condição válida, os administradores se encontram adstritos a um dever de não praticar determinados atos de gestão, a interpretação do que sejam atos suscetíveis de (i) *alterar de modo relevante a situação patrimonial da sociedade*; (ii) *que não se reconduzam à gestão normal da sociedade*; e (iii) *que possam afetar de modo significativo os objetivos anunciados pelo oferente*, dependerá se estes são suscetíveis de levar a uma situação em que seja possível ao oferente retirar a oferta.

3.2 Densificação dos requisitos do artigo 182.º, n.º 1

O que se entenda por *atos suscetíveis de alterar de modo relevante* a situação patrimonial da sociedade, por *gestão normal* ou por *afetar de modo significativo* os objetivos anunciados pelo oferente não é – como na verdade não o são todos os conceitos – apreensível *a priori*, sendo necessário, neste momento, compreender o que está em causa em cada um dos requisitos de preenchimento obrigatório para que um ato da administração da sociedade visada seja proibido. Trata-se, sublinhe-se, de um processo de interpretação daqueles conceitos que, tal como todos os conceitos ou palavras, necessitam de ser interpretados[81].

[81] Ao contrário do que se lê em alguns textos, nomeadamente quanto a estes requisitos concretos – mas que, na verdade, se apresenta como um problema transversal a muitos textos –, não estamos perante *conceitos indeterminados* (veja-se o uso da expressão, por exemplo, em Orlando Vogler Guiné, *Da conduta (defensiva) da administração "opada"*, cit., p. 147, segundo o qual «os três critérios participam de conceitos indeterminados, com todas as vantagens e inconvenientes daí decorrentes, embora o legislador socorra o intérprete com algumas bengalas»). A terminologia adotada por muitos autores, remetendo determinados conceitos ou palavras que, pela sua difícil perceção semântica, suscitam um conjunto de problemas, para uma categoria de "conceitos indeterminados" não é, nem pode ser, aceite acriticamente. Na verdade, trata-se apenas de um processo de determinação semântica, necessário para qualquer enunciado. Nesta medida, todas as palavras têm um grau de indeterminação. Contudo, e como acontece no presente caso, há palavras ou conceitos que comportam incertezas, podendo distinguir-se, como o faz David Duarte, *A norma de legalidade procedimental administrativa. A teoria da norma e a criação de normas de decisão na discricionariedade instrutória*, Almedina, Coimbra, 2006, p. 215, entre três causas de incerteza: a polissemia, a vagueza e a textura aberta. Segundo o autor, a *polissemia* «consiste em as equivalências de uma língua não serem, na sua totalidade, biunívocas, o que significa que o quadro de significações compreende significantes a que não corresponde apenas um único significado» (p. 216). Pense-se no caso da palavra *álcool* que

Analisaremos individualmente cada um destes requisitos, salientando-se todavia que os mesmos são cumulativos e, por isso, que necessitam de verificação conjunta para que o ato seja vedado.

3.2.1 Os atos suscetíveis de alterar de modo relevante a situação patrimonial da sociedade

Se nos termos do artigo 182.º, n.º 1, o conselho de administração não pode praticar atos suscetíveis de alterar de modo relevante a situação patrimonial da sociedade, nos termos do seu n.º 2 procedesse a uma enumeração de alguns desses atos[82]. Segundo o disposto naquele preceito, estão em causa

pode significar uma bebida ou um composto orgânico utilizado para, por exemplo, limpar aparelhos eletrónicos. Diferentemente, a *vagueza* consiste num «caso de incerteza que se caracteriza pela imprecisão do significado, onde a palavra não tem fronteiras definidas para delimitar o âmbito da extensão a que a mesma se reporta, ou seja, onde a intensão da palavra é definida, mas em virtude de vicissitudes inerentes às propriedades que podem circunscrever a extensão, esta é imprecisa» (p. 217). A vagueza pode ser quantitativa, «onde a propriedade da palavra se manifesta na realidade em diferentes graus» – *longe* –; valorativa, «onde a propriedade se manifesta sob um juízo qualitativo» – *bom* –; ou combinatória, «onde não há nenhuma propriedade, que, por si só, seja condição necessária para o respectivo emprego». Quando no disposto no artigo 182.º, n.º 1 se utilizam expressões como *de modo relevante* ou *de modo significativo*, estamos, na verdade, perante uma situação de vagueza, mais precisamente, aquilo que é comumente designado por *vague quantifeirs*. Expressões como *poucos, alguns, vários, muitos, bastantes*, são muitas vezes utilizadas para "quantificar" ou descrever várias realidades. Sobre *vague quantifiers* veja-se, a título de exemplo, Kenny R. Coventry/ Angelo Cangelosi/ Stephen E. Newstead/ David Bugmann, "Talking about quantities in space: vague quantifiers, contexto and similarity", in *Language and Congnition*, Walter de Gruyter, 2010, pp. 221-241; ou Louis M. Rocconi/ Amber D. Dumford/ Brenna Bulter, "Examinig the Meaning of Vague Quantifiers in Higher Education: How Often is "Often"", in *Research in Higher Education*, Springer, Association for Institutional Research, vol. 61(2), 2020, pp. 229-247. O que está em causa é determinar o que é ou não, para aquela concreta situação *relevante* ou *significativo*. Mas como se compreende, para que tal seja possível é necessário traçar limites que afaste ou integre aquela palavra numa zona de certeza positiva – cfr. David Duarte, *A norma de legalidade procedimental administrativa*, cit., p. 220. Para a compreensão dos critérios jurídicos de determinação semântica, pp. 22 e ss.

[82] Saliente-se que a norma do artigo 182.º, n.º 1 se dirige aos administradores da sociedade visada, sendo o dever de neutralidade a estes imposto. Daqui resulta, naturalmente, que apenas são proibidos os atos de gestão que sejam da competência do conselho de administração e não já aqueles atos que são da exclusiva competência da assembleia geral dos sócios ainda que estes diminuam substancialmente a situação patrimonial da sociedade. Também assim, João Cunha Vaz, *A OPA e o controlo societário*, cit., p. 219. O que se facilmente se explica: a OPA é dirigida aos acionistas sendo o dever de neutralidade imposto pelas razões *supra* mencionadas – a possibilidade de existência de conflitos de interesses entre administradores e acionistas. Na medida em que é a própria assembleia geral a deliberar sobre a prática dos atos, esta fá-lo sem meter em causa aquilo que se pretende com

«[...] *nomeadamente*, a emissão de ações ou de outros valores mobiliários que confiram direito à sua subscrição ou aquisição e a celebração de contratos que visem a alienação de parcelas importantes do ativo social». Trata-se, desde já, de uma enumeração exemplificativa, confirmada pelo advérbio *nomeadamente*. Quer isto dizer que *todos* e *quaisquer atos* que sejam suscetíveis de alterar *de modo relevante* a situação patrimonial da sociedade se encontram abrangidos pela proibição do n.º 1 do artigo 182.º.

Em termos gerais, para que se saiba quando é que existe uma alteração do património da sociedade, haverá que atender ao balanço patrimonial da sociedade num dado momento, que é composto, por um lado, pelo ativo e, por outro, pelo passivo e o pelo capital próprio da sociedade[83].

a imposição do dever de neutralidade: a decisão sobre o mérito da oferta caber exclusivamente aos acionistas enquanto destinatários da oferta. A imposição deste dever ao conselho de administração só abarca, naturalmente, os atos que sejam da sua competência. Isto exclui, assim, todos os atos que sejam da exclusiva competência da assembleia geral, incluindo neste leque as competências não escritas da assembleia geral. Tipicamente, aponta-se como exemplo de competência não escrita, aquela que resultou da decisão *Holzmüller* (BGH em 25-fev.-1982, BGHZ 83 (1982), 122), nos termos da qual o conselho de administração não tinha competência para alienar o ativo fundamental da sociedade, cabendo essa competência à assembleia geral. O que estava em causa no acórdão *Holzmüller* era o *spin-off*, decidido pelo conselho de administração do mais importante departamento da sociedade numa subsidiária integral. Tratava-se de um caso em que o conselho de administração de uma sociedade por ações transferiu a sua principal unidade de negócios, que representava 80% dos seus ativos, para uma subsidiária detida a 100% pela sociedade. Nesta decisão, considerou o BGH a existência de outras competências (implícitas) da assembleia geral para além daquelas que estavam expressamente previstas na AktG, devendo, por isso, o conselho de administração requerer/solicitar – como um *dever* e não já como uma *faculdade* – a deliberação e aprovação da assembleia geral "quando exista uma interferência substancial com a participação e com os interesses económicos inerentes às suas participações". Para uma descrição mais detalhada do caso veja-se, na doutrina nacional, António Menezes Cordeiro, *SA: Assembleia geral e deliberações sociais*, cit., pp. 135-136; José Ferreira Gomes, *Da administração à fiscalização das sociedades*, cit., pp. 505-507, n. 1745; Ana Perestrelo de Oliveira, *Grupos de sociedades*, cit., p. 407, n. 1267; David Oliveira Festas, *Das inibições de voto por conflitos de interesse*, cit.,p. 863, n. 3265; Madalena Perestrelo de Oliveira, *Tutela do investidor perante o emitente no mercado de capitais: um modelo dinâmico de proteção*, Almedina, Coimbra, 2021, pp. 576 e ss. Na doutrina estrangeira, entre outros, Thomas Liebschner, *Ungeschriebene Hauptversammlungszuständigkeiten im Lichte von Holzmüller, Macrotron und Gelatine*, in *ZGR* 2005, 1, pp. 1-33; Reinhard Marsch-Barner, *Zur "Holzmüller"-Doktrin nach "Gelatine"*, in *Anleger- und Funktionsschutz durch Kapitalmarktrecht. Symposium und Seminar zum 65. Geburtstag von Eberhard Schwark*, Stefan Grundmann/Hans-Peter Scwintowski/Reinhard Singer/ Martin Weber (org.), Berlin, 2006, pp. 105-120; Marc Löbbe, "Corporate Groups: Competences of the Shareholders' Meeting and Minority Protection – the German Dederal Court of Justice's recent *Gelatine* and *Macrotron* Cases Redefine the *Holzmüller* Doctrine", in *German Law Journal*, vol. 5, n.º 9, pp. 1057-1079.

[83] Cfr. Orlando Vogler Guiné, *Da conduta (defensiva) da administração "opada"*, cit., p. 148.

Contudo, e como é claro, não é toda e qualquer oscilação ou alteração no património da sociedade que importa para efeitos do artigo 182.º, n.º 1. Apenas aqueles que alterem *de modo relevante* a situação patrimonial da sociedade . O que se justifica porquanto a sociedade não se mantém inativa por se encontrar visada por uma OPA: esta continua a operar no tráfego, celebrando negócios que façam o seu património oscilar[84].

Tendencialmente, quando a doutrina analisa o segmente do enunciado normativo referente aos *atos suscetíveis de alterar de modo relevante a situação patrimonial da sociedade*, fá-lo procedendo ao recurso a exemplos[85]. Neste sentido, o exemplo mais significativo seria a venda da "joia da coroa"[86], isto é, a venda do ativo mais importante da sociedade. Se os administradores da sociedade visada procedessem à alienação do ativo mais importante da sociedade no período compreendido no artigo 182.º, n.º 1, esta venda seria suscetível de alterar de modo relevante a situação patrimonial da sociedade. Assim, aquela venda seria proibida nos termos do artigo 182.º, n.º 1.

Para além da venda de «parcelas importantes do ativo social» seriam atos suscetíveis de alterar de modo relevante a situação patrimonial da sociedade a emissão de ações ou de outros valores mobiliários que confiram direito à sua subscrição ou aquisição[87], e ainda a distribuição de bens aos sócios.

[84] O mesmo decorre do artigo 3.º, n.º 1, alínea f) da Diretiva das OPA, segundo o qual a sociedade visada não deve, em virtude da oferta respeitante aos seus valores mobiliários, ser perturbada no exercício da sua atividade para além de um período razoável. Daqui decorre que a sociedade se vê limitada, mas não inoperacional. O mesmo é confirmado pela restrição, nos termos do artigo 182.º, n.º 1, do conselho de administração à prática de atos de gestão normal: a sociedade continua a operar, vendo apenas alguns atos vedados. Acresce-se, todavia, que este requisito não é exigido pela Diretiva das OPA. Todavia a sua não exigência não afeta em nada, a possibilidade do seu estabelecimento no ordenamento jurídico português – decorre do artigo 3º, n.º 2, alínea b) da Diretiva que os estados-membros podem estabelecer condições adicionais e disposições mais restritivas do que as exigidas pela Diretiva para regulamentar as ofertas. Esta mesma possibilidade foi seguida por diversos ordenamentos: veja-se como exemplo o artigo 21 do City Code britânico, o artigo 233-32 do *Code e Commerce* francês e ainda o §33a WpÜG alemã.

[85] Cfr. Orlando Vogler Guiné, *Da conduta (defensiva) da administração "opada"*, cit., p. 148 e ss; Alexandre de Soveral Martins, "Poderes dos administradores e OPA: "em bolandas" entre o art. 182.º do CVM e o art. 409.º do CSC", cit., p. 95; João Cunha Vaz, *A OPA e o controlo societário*, cit., pp. 217 e ss; António Sinde Monteiro/Almeno de Sá, "Do combate a uma OPA em curso", in *RJUM*, n.º 1, 1998, pp. 407-459, p. 430. Na doutrina alemã, Holger Altmeppen , "Neutralitätspflicht und Pflichtangebot nach dem neuen Übernahmerecht", cit., p. 1079.

[86] Sobre estas, Orlando Vogler Guiné, *Da conduta (defensiva) da administração "opada"*, cit., pp. 34-35.

[87] Como são disso exemplo as chamadas *White Squire* que implicam uma alteração da estrutura de capital da sociedade visada, podendo levar ao fortalecimento da posição do acionista maioritário e, por isso, tornando mais difícil e onerosa, para o oferente, a aquisição do controlo.

A ideia subjacente a este segmento normativo, segundo a doutrina, seria a de que quando os administradores procedem à alienação de ativos importantes estão a fazê-lo justamente tendo por objeto aqueles ativos nos quais o oferente está particularmente interessado, de modo que essa alienação do património da sociedade seria suscetível de frustrar o objetivo do oferente, dissuadindo-o de avançar com a OPA[88]. Além dos casos de alienação de um ativo importante, o mesmo se pode dizer nos casos de emissão de ações ou outros valores mobiliários que confiram direito à sua subscrição ou aquisição, uma vez que desta emissão resulta uma alteração da estrutura de capital da sociedade visada suscetível de fortalecer a posição do acionista maioritário, tornando mais dispendiosa a aquisição para o oferente.

Se o recurso a exemplos permite que se compreenda, em geral, a ideia por trás deste segmente normativo, a verdade é que não identifica em concreto o critério mediante o qual se deve interpretar aquele mesmo segmento do enunciado normativo. A referência aos *atos suscetíveis de alterar de modo relevante a situação patrimonial da sociedade* deve ser entendida à luz das considerações já tecidas. Neste sentido, serão atos suscetíveis de alterar de modo relevante a situação patrimonial da sociedade os atos que, por deterem determinado impacto no património da sociedade, representem uma situação de alteração das circunstâncias para o oferente (ou que preencham uma condição validamente estabelecida). Isto é, atos que conduzam a uma situação imprevisível e substancial, de modo cognoscível pelos acionistas, de alteração das circunstâncias que hajam fundado a decisão de o oferente lançar a oferta. Estes atos são apenas apreensíveis no caso concreto, porquanto dependem da concreta interpretação do anúncio de lançamento e respetivo prospeto, ou do estabelecido nas cláusulas de uma condição validamente celebrada. Quando o artigo 182.º, n.º 2, alínea b), estabelece que se consideram alterações relevantes da situação patrimonial da sociedade visada, nomeadamente, a emissão de ações ou de outros valores mobiliários que confiram direito à sua subscrição ou aquisição e a celebração de contratos que visem a alienação de parcelas importantes do ativo social, parte do pressuposto de que a oferta se destina

[88] Veja-se, por exemplo, João Cunha Vaz, *A OPA e o controlo societário*, cit., p. 152, segundo o qual «em regra, a sociedade visada aliena precisamente aqueles activos nos quais o oferente está particularmente interessado, de modo a frustrar os seus objectivos. Com idênticos resultados teos também a *Suicide Pill* ou *Jonestown Defense*, quando a sociedade visada inicia uma actividade ruinosa ao vender todos os seus activos ou satisfazer antecipadamente o seu passivo, tornando então a sociedade menos atractiva para o oferente ao esvaziá-la de riqueza».

ao controlo da sociedade pelo oferente, porque aquele tem interesse na sociedade tal como ela se apresenta no momento de lançamento da OPA.

No caso da prática daqueles atos, pressupõe-se que os mesmos se traduzem numa alteração daquilo inicialmente previsto (e previsível), querido e expectável pelo oferente aquando da tomada de decisão de lançar a OPA. Mas daqui resulta que, pelo contrário, aqueles exemplos de alteração patrimonial relevante, apenas relevam na medida em que o oferente não as pudesse prever e que contendam com os motivos que o levou a tomar a decisão de lançamento da OPA. Neste sentido, por exemplo, se o oferente prever como expectável que a sociedade proceda à alienação de uma parcela do ativo social porque, por exemplo, já é sócio da sociedade e mediante juízos de prognose consegue antever aquele cenário – seja porque o assunto já foi discutido previamente no órgão competente para a sua alienação, seja porque, ainda que não tenha sido discutido, consta por exemplo da sua convocatória –, não se dirá que – apesar de se traduzir numa alteração patrimonial relevante, em termos contabilísticos – aquela alienação se traduz numa alteração imprevisível. Não se traduzindo numa alteração imprevisivel – e não havendo qualquer condição validamente estabelecida nesse sentido – falha um dos pressuposto para se considerar estarmos perante um caso de alteração das circunstâncias.

Repise-se que, e como salientamos, é necessário que se possa retirar esta interpretação dos objetivos anunciados pelo oferente aquando do anúncio de lançamento e do conteúdo do prospeto. Pense-se, por outro lado, numa situação em que o oferente lança a OPA, ficando claro que o que lhe interessa – leia-se, a razão pela qual decidiu lançar a oferta – é um determinado equipamento da sociedade. Se a sociedade proceder à alienação de parcelas relevantes do seu património, mas que não atinjam aquele concreto equipamento, também será duvidoso que possa operar o instituto da alteração das circunstâncias, na medida em que aquela alienação não contende com as circunstâncias objetivas que fundaram a decisão de contratar[89]. O mesmo vale para quando exista uma condição validamente estabelecida: por exemplo, a estipulação de uma condição válida em que se determine que a descida do património da sociedade abaixo de determinado montante constitui causa de revogação da oferta, levará a que o oferente possa retirar a oferta nos termos daquela condição – ainda que os acionistas tivessem interesse na oferta! Se o oferente tem a possibilidade de retirar a oferta, a conduta dos administradores que faça com que o património da sociedade desça abaixo

[89] Cfr. *supra* ponto 3.1.1.

do patamar considerado para efeitos ou do artigo 128.º ou da condição estabelecida, será proibida.

Corolário do exposto é o facto de o artigo 182.º, n.º 2 dever também ser interpretado em conformidade com a razão justificativa que sustenta a imposição do dever de neutralidade.

Ainda que, tendencialmente, a emissão de ações ou de outros valores mobiliários que confiram direito à sua subscrição ou aquisição e a celebração de contratos que visem a alienação de parcelas importantes do ativo social contendam com as circunstâncias ou razões que determinaram o lançamento da oferta por parte do oferente – porque esta se destina à aquisição do controlo da sociedade visada, tendencialmente nas condições em que se encontra ao tempo de lançamento da mesma –, a emissão daquelas ações ou a alienação daquelas parcelas pode não levar a uma situação em que o oferente possa revogar a oferta: por não se traduzir numa alteração das circunstâncias ou não preencher uma condição validamente estabelecida.

Entender, como entendemos, que a razão justificativa da norma constante do artigo 182.º, n.º 1, se prende com evitar o perigo de os acionistas deixarem de ter a possibilidade de alienar as suas participações, caso assim o entendam, por uma atuação do conselho de administração que leve a que o oferente possa revogar a oferta, a interpretação que se faça do n.º 2, alinea b) do mesmo preceito – que concretiza um segmento do enunciado normativo do n.º 1 – deve ser coerente com aquela mesma razão. Será, portanto, incoerente afirmar que os administradores apenas estão proibidos de praticar determinados atos de gestão no período compreendido no n.º 1 do artigo 182.º, quando a prática desses atos se traduza, para o oferente, numa alteração das circunstâncias ou preencha uma condição validamente estabelecida e, posteriormente, aceitar que mesmo que a emissão de ações ou alienação de determinadas parcelas sociais, nos termos da alínea b) do n.º 2 do artigo 182.º, não conduza – por não se traduzir numa alteração superveniente das circunstâncias ou preencher aquela condição – à possibilidade de o oferente retirar a oferta, são vedadas à sua prática pelo conselho de administração da sociedade visada.

Em suma, apesar da alínea b) do n.º 2 do artgio 182.º pretender concretizar o segmento do enunciado normativo que se refere aos *atos suscetíveis de alterar de modo relevante a situação patrimonial da sociedade*, a prática dos atos anunciados naquele preceito não são sempre proibidos de serem praticados pelo conselho de administração: apenas, e somente apenas, quando sejam suscetíveis de conduzir à possibilidade de o oferente retirar a oferta.

3.2.2 Atos que não se reconduzam à gestão normal da sociedade

Para além dos atos acabados de ver, nos termos do artigo 182.º, n.º 1, os administradores não podem praticar atos que não digam respeito à gestão normal da sociedade[90]. Não encontramos, no artigo 9.º, n.º 2 da Diretiva das OPA, contudo, uma qualquer referência à limitação de atuação do conselho de administração dentro daquilo que seja a *gestão normal* da sociedade. Todavia, no seu n.º 3, estabelece-se que «no que respeita às decisões que devam ser tomadas antes do início do período previsto no segundo parágrafo do n.º 2 e que não tenham sido ainda parcial ou totalmente aplicadas, a assembleia geral de acionistas deve aprovar ou confirmar *qualquer decisão que não se insira no quadro normal das atividades da sociedade* e cuja aplicação seja suscetível de conduzir à frustração da oferta». Esta referência aparece igualmente no considerando n.º 16, segundo o qual «para evitar operações que possam comprometer o êxito de uma oferta, deverão ser limitados os poderes do órgão de administração de uma sociedade visada em relação a certas *operações de caráter excecional*, sem impedir indevidamente a sociedade visada de prosseguir o curso normal das suas atividades». Nestes termos, aparentemente, o legislador português estabeleceu um requisito mais apertado do que aquele que consta da Diretiva das OPA na medida em que veio proibir a prática de todos os atos de gestão que não digam respeito à *gestão normal* da sociedade, alargando o âmbito da proibição em contraposição com o disposto no preceito europeu[91].

Aquando da análise deste segmento do enunciado normativo, a doutrina tendencialmente procede à distinção entre gestão normal e gestão corrente, de modo a alcançar um resultado interpretativo acerca dos atos que os administradores estão ou não proibidos de praticar[92]. A gestão corrente

[90] A mesma referência se encontra na *Rule 21.1*(b), (v) do City Code, nos termos da qual se utiliza a expressão *ordinary course of business*. No preceito alemão – §33a WpÜG – pode encontra-se a referência a «*innerhalb des normalen Geschäftsbetriebs*».

[91] Vimos já que a Diretiva permite aos Estados membros que a devam adotar a possibilidade de, nos termos do seu artigo 3.º, n.º 2, alínea b), estabelecer condições adicionais e disposições mais restritivas do que as exigidas pela Diretiva para regulamentar as ofertas. Não temos, pois, um problema de contrariedade entre o preceito nacional que transpõe o preceito comunitário. Levantando a questão de saber se o disposto no preceito nacional contraria aquilo que resulta da Diretiva das OPA Schlitt, in *Münchener Kommentar zum Aktiengesetz*, 5. Auflage 2021, §33a WpÜG, n. m. 41.

[92] Assim, Alexandre de Soveral Martins, "Poderes dos administradores e OPA: "em bolandas" entre o art. 182.º do CVM e o art. 409.º do CSC", cit., p. 96; e Orlando Vogler Guiné, *Da conduta (defensiva) da administração "opada"*, cit., pp. 156 e ss. Na Alemanha, Roger Kiem,

identificar-se-ia com os «[...] chamados assuntos de mero expediente, que se consubstanciarão em actos de menor relevância económica, caracterizados pela uniformidade (de conteúdo, limites e efeitos) e pela repetitividade»[93], diferenciando-se, nestes termos, da gestão normal que pelo menos teria um âmbito mais abrangente que aquela[94]. A gestão normal contrapor-se-ia, igualmente aos atos de caráter excecional, tal como resulta do próprio considerando n.º 16 da Diretiva das OPA.

A identificação de um conceito unitário de *gestão normal* não pode ser alcançada. Desde logo porque o que é *normal* numa sociedade pode não o ser numa outra. Deve, pois, abandonar-se a busca por um conceito unitário de *gestão normal*. Neste sentido, Alexandre de Soveral Martins sustenta que «a gestão normal é identificada em relação a cada sociedade, correspondendo ao que é esperado perante as circunstâncias da visada (o seu objeto, a sua dimensão, a sua prática anterior, as consequências do ato, etc). O que é normal para aquela sociedade pode ir muito além da gestão corrente ou ficar aquém desta»[95]. O entendimento do que seja gestão normal será, assim, variável, referindo-se, por este motivo, alguns autores ao facto de o conceito de gestão normal se caracterizar por ser um "conceito [...] em termos móveis, como um tipo aberto"[96]. É, de facto, daqui que devemos partir[97].

"Der Hauptversammlungsentscheid zur Legitimation von Abwehemassnahmen nach dem neuen Übernahmegesetz", in *ZIP*, 35, 2000, pp. 1509 e ss, p. 1512. Não procedendo a esta distinção, identificando a gestão normal com a gestão corrente, João Cunha Vaz, *A OPA e o controlo societário*, cit., p. 225.

[93] Cfr. Orlando Vogler Guiné, *Da conduta (defensiva) da administração "opada"*, cit., p. 157.

[94] Cfr. Orlando Vogler Guiné, *Da conduta (defensiva) da administração "opada"*, cit., p. 159; Alexandre de Soveral Martins, "Poderes dos administradores e OPA: "em bolandas" entre o art. 182.º do CVM e o art. 409.º do CSC", cit., p. 96.

[95] Cfr. Alexandre de Soveral Martins, "Poderes dos administradores e OPA: "em bolandas" entre o art. 182.º do CVM e o art. 409.º do CSC", cit., p. 96. No mesmo sentido, Orlando Vogler Guiné, *Da conduta (defensiva) da administração "opada"*, cit., p. 157, nos termos do qual «deverá ser devidamente interpretado, atendendo às circunstâncias aplicáveis, designadamente atendendo à prática seguida no sector em que se insere e à especificidade da sociedade em questão».

[96] Cfr. Orlando Vogler Guiné, *Da conduta (defensiva) da administração "opada"*, cit., p. 167. De forma a alcançar o resultado do que se entenda por gestão normal, o autor procede à à análise dos seguintes conceitos de forma a perceber se os mesmos se podem identificar com a gestão normal: (i) gestão de alta direção; (ii) gestão dirigida à conservação do património social; (iii) gestão normal como aquela que decorre do objeto social; (iv) gestão normal mediante um critério de comparabilidade por referência a outras sociedades em identidade de circunstâncias; e (v) gestão normal por remissao do ato para a estratégia nteriormente delineada pela sociedade (pp. 159 e ss).

[97] Na doutrina alemã, os autores têm identificado o conceito de gestão normal com os atos praticados tendo em conta a estratégia anteriormente delineada pela sociedade – assim, entre outros, Tim Drygala, "Die neue deutsche Übernahmeskepsis und ihre Auswirkungen auf die

Haverá, mais uma vez, à luz das considerações tecidas *supra* ir mais longe do que tem sido avançado. Partindo da ideia de que a gestão normal se reconduz ao padrão de normalidade para cada concreta sociedade, haverá que compreender, em primeiro lugar, a justificação para a proibição dos atos que a ela não se reconduzam. Tendo em conta que a *ratio* da norma se prende com o risco de perda da possibilidade de os acionistas venderem as suas ações por causa de uma atuação do conselho de administração, e que essa perda de possibilidade, a par da existência de uma condição válida, só pode ocorrer em caso de alteração das circunstâncias, esta última pode ocorrer em dois cenários: (i) ocorrer um caso de alteração das circunstâncias que resulta de atos únicos dos administradores com grande impacto – é a estes que se dirigem essencialmente o primeiro e o terceiro requisitos[98]; ou (ii) ocorrer um caso de alteração das circunstâncias que também pode resultar de uma *pluralidade de atos concertados* que conjuntamente levam a uma alteração das circunstâncias, mas que isoladamente considerados não produzem esse efeito.

Assim, este requisito de gestão normal assenta na ideia de que se os administradores, durante a pendência da OPA, pudessem praticar atos que não se reconduzam à "gestão normal" existiria aqui um risco acrescido de que esses atos fossem praticados por causa do conflito de interesses subjacente, prejudicando dessa forma o interesse dos acionistas enquanto destinatários da oferta, na medida em que seriam, no seu conjunto ou isoladamente, suscetíveis de levar à revogação, por parte do oferente, da oferta. Não só os atos únicos de grande impacto praticados pelos administradores que se reconduziriam a uma gestão excecional, como também atos que não sejam claramente excecionais, mas que, conjuntamente sejam suscetíveis de levar a uma alteração das circunstâncias, são proibidos aos administradores. Pressupõe-se, contrariamente, que os atos que se destinam à sua gestão normal são atos previsíveis e, portanto, que não preencham os pressupostos para que o oferente possa revogar ou modificar a oferta nos termos do artigo 128.º.

Vorstandspflichten nach § 33 WpÜG", cit., p. 1866; WALKER BAYER,"Vorsorge und präventive Abwehrmaßnahmen gegen feindliche Übernahmen", cit., p. 616. Em sentido critico da identificação do conceito de gestão normal com a rermissão do ato para a estratégia anteriormente adotada pela sociedade, ORLANDO VOGLER GUINÉ, *Da conduta (defensiva) da administração "opada"*, cit., p. 166.

[98] Não serão, pois, considerados no que diz respeito a este segmento do enunciado normativo na medida em que se se confundisse uns com outros não existiria a necessidade de autonomizar cada um deles.

3.2.3 Atos que possam afetar de modo significativo os objetivos anunciados pelo oferente

Por fim, os atos praticados pelos administradores não podem afetar de modo significativo os objetivos anunciados pelo oferente[99]. Nos termos do artigo 9.º, n.º 2, da Diretiva das OPA, apenas se faz referência a uma *ação suscetível de conduzir à frustração da oferta*. O preceito nacional, por outro lado, refere-se à possibilidade de afetação dos objetivos anunciados pelo oferente. Apesar da distinção da redação, estamos em crer que, no fundo, o resultado a que se chega é fundamentalmente o mesmo: os objetivos anunciados pelo oferente quando desrespeitados podem conduzir a um caso de frustração da oferta, por preenchidos os pressupostos para que haja lugar a revogação da oferta por alteração das circunstâncias, nos termos do artigo 128.º.

Um primeiro ponto a estabelecer é o facto de que apenas importam os objetivos anunciados pelo oferente e não objetivos implícitos que exigem por parte da administração da sociedade visada deduções ou presunções[100]. O que facilmente se explica: a imposição de um dever, mediante uma norma de conduta, deve identificar, em concreto, o que pode ou não o sujeito a que se destina fazer. A conduta proibida deve estar determinada, não dependendo de deduções ou presunções do sujeito a que se destina a proibição. Excluem-se também os objetivos que sejam conhecidos dos administradores da sociedade por uma qualquer razão, mas que não tenham sido anunciados pelo oferente. Os objetivos do oferente, com relevância nos termos do artigo 182.º, n.º 1, serão aqueles anunciados no anúncio preliminar (artigo 176.º, n.º 1, alínea g)) e, posteriormente no prospeto (artigo 138.º, n.º 1, alínea g))[101]. Desta clarificação resulta, mais uma vez, a coerência com aquilo que temos vinda a propugnar.

[99] Cfr. Orlando Vogler Guiné, *Da conduta (defensiva) da administração "opada"*, cit., pp. 173-176; Alexandre de Soveral Martins, "Poderes dos administradores e OPA: "em bolandas" entre o art. 182.º do CVM e o art. 409.º do CSC", cit., pp. 96-97; João Cunha Vaz, *A OPA e o controlo societário*, cit., pp. 227 e ss.

[100] Também assim, Orlando Vogler Guiné, *Da conduta (defensiva) da administração "opada"*, cit., p. 174; Alexandre de Soveral Martins, "Poderes dos administradores e OPA: "em bolandas" entre o art. 182.º do CVM e o art. 409.º do CSC", cit., p. 97. Sustentando a necessidade de se tutelar os objetivos implícitos do oferente, Jorge Brito Correia, "A limitação dos poderes da sociedade visada durante o processo de OPA", cit., p. 196.

[101] Cfr. João Cunha Vaz, *A OPA e o controlo societário*, cit., p. 231. Neste ponto, o autor volta à ideia de que a norma em questão *visa* também a tutela do oferente («com vista a acautelar o êxito da oferta, e em nome de uma racionalidade económico- financeira do fenómeno que são as OPA enquanto instrumento decisivo para a reestruturação empresarial e para o mercado do controlo societário,

Ao contrário do que por vezes é sustentado, este segmento do enunciado normativo não visa, por um lado, imputar à norma a finalidade de tutela dos interesses do oferente[102] e, por outro, não pretende *apenas* dar a conhecer aos acionistas da sociedade visadas aqueles objetivos de modo a formarem um juízo fundamentado da oferta[103]. Pelo contrário, reforça o entendimento segundo o qual a norma visa a tutela dos sócios enquanto destinatários da oferta, como também afasta aquele último entendimento na medida em que aquele segmento normativo delimita o dever de neutralidade a que o conselho de administração de encontra adstrito, não tendo uma função meramente esclarecedora para os acionistas da sociedade visada.

A compreensão do segmento agora em análise depende da compreensão de três premissas. Em primeiro lugar, atente-se que a procedência dos interesses do oferente depende de certas situações de facto. Consequentemente, essas situações de facto serão as circunstâncias que fundam a decisão de lançamento da oferta por parte do oferente. Assim, sendo os objetivos anunciados pelo oferente, a essencialidade para a decisão de lançamento da oferta é conhecida pelos acionistas e administradores. Estas três premissas levam-nos à conclusão de que atos que afetem de modo significativo os objetivos anunciados pelo oferente serão aqueles que afetem as situações de facto das quais depende a procedência dos objetivos anunciados pelo oferente. Afetando aqueles atos estes objetivos ficar-se-á numa situação suscetível de fazer espoletar a aplicação do instituto da alteração das circunstâncias – se preenchidos os demais pressupostos – nos termos do qual o oferente pode, por sua iniciativa, modificar ou revogar a oferta e, assim, retirar a possibilidade aos acionistas da sociedade visada, se nisso tiverem interesse, de vender as suas participações.

Todavia, precise-se que os atos que afetem de modo significativo os objetivos anunciados pelo oferente serão aqueles que afetem as situações de facto das quais depende a procedência dos objetivos anunciados pelo oferente *de outra forma que não através da alteração da situação patrimonial da sociedade.*

pretendeu-se acima de tudo salvaguardar os objectivos e intenções de quem promoveu a oferta. Aliás, podemos ir mais longe, afirmando que o legislador visou assegurar o sucesso da oferta, privilegiando os interesses do oferente em relação a outros possíveis interesses conflituantes, designadamente, os daqueles accionistas ou administradores que se opõem à oferta por forma a perpetuar a sua posição de controlo e influência na sociedade visada»). Este entendimento é, como visto *supra* (§2.º), totalmente improcedente.

102 Cfr. *supra* ponto §2.º.

103 Neste sentido, João Cunha Vaz, *A OPA e o controlo societário*, cit., p. 232.

Se os objetivos do oferente fossem todos reconduzidos à situação patrimonial da sociedade, este último requisito não teria autonomia face ao primeiro.

Chegados aqui estamos em crer que a análise do regime conduz à solução inicialmente indicada: os administradores da sociedade visada apenas não poderão praticar os atos descritos nos termos do artigo 182.º, n.º 1 quando, *porque atendendo à sua razão justificativa*, aqueles atos sejam suscetíveis de consubstanciar uma alteração das circunstâncias ou preencham uma condição validamente estabelecida que conduza à possibilidade de o oferente retirar a oferta. Apenas nestes casos se verifica o perigo que a norma visa evitar. Nos demais, os administradores não se encontram adstritos ao dever de neutralidade. Justifica-se, pois, uma redução teleológica das normas constantes do artigo 182.º.

3.3 Requisitos da deliberação da assembleia geral destinada à aprovação dos atos proibidos, nos termos do artigo 182.º, n.º 1

Apenas chegados à conclusão de que somente nos casos que sejam suscetíveis de se reconduzir a um caso de alteração das circunstâncias ou que sejam suscetíveis de preencher uma condição válida os administradores estão proibidos de praticar determinados atos de gestão, nos termos do artigo 182.º, n.º 1, se poderá analisar os requisitos da deliberação da assembleia geral que se destine a autorizar ou vincular[104] os administradores à prática de atos que seriam proibidos nos termos daquela norma.

Quando a assembleia geral da sociedade visada assim delibere, nos termos do artigo 182.º, n.º 3, alínea b), pode o conselho de administração praticar os atos que à partida lhe seriam vedados, nos termos anteriormente expostos. Contudo, de acordo com o artigo 182.º, n.º 3, alínea b), esses atos têm de ser autorizados por força da assembleia geral, mas que (i) seja convocada exclusivamente para o efeito, e (ii) durante o período mencionado no n.º 1, isto é, a partir do momento em que tome conhecimento da decisão de lançamento da oferta e até ao apuramento do resultado ou até à cessação, em momento anterior, do respetivo processo.

[104] A deliberação da assembleia geral pode destinar-se à mera autorização para a prática de determinados atos proibidos nos termos do artigo 182.º, n.º 1, mas também podem os acionistas pretender vincular os administradores à prática desses mesmos atos. Veja-se sobre a admissibilidade desta última pretensão o ponto 4.3.

Dúvidas se colocam, no entanto, quanto aos requisitos da deliberação da assembleia geral. O que significa a exigência de convocação *exclusivamente* para o efeito? Não poderá ser deliberado numa mesma assembleia geral outras matérias que não as que se prendem com a autorização da prática de determinados atos pelo conselho de administração na pendência da OPA? Por outro lado, a referência ao período mencionado no número 1.º do artigo 182.º limita a possibilidade de os sócios em assembleia geral, reunida antes do período mencionado no artigo 182.º, n.º 1, autorizarem previamente prática de determinados atos que seriam, naquele período, proibidos? Uma terceira questão se coloca: quando, em assembleia geral, os acionistas deliberam sobre a concessão de autorização ao conselho de administração para a prática de atos que lhe estariam vedados, essa deliberação tem de consistir em medidas especificas a tomar por aquele órgão ou, pelo contrário, pode a assembleia geral deliberar simplesmente que autoriza o conselho de administração a praticar os atos que entenda necessários?

3.3.1 O significado da exigência de convocação «exclusivamente para o efeito»

Aquilo que se entenda por convocação *exclusivamente* para o efeito não é, como se poderia pensar, à partida, de simples de compreensão.

De acordo com o anterior artigo 575.º, n.º 1, do CMVM, «após o recebimento do anúncio preliminar e até à publicação do resultado da oferta ou, se for o caso, até à cessação, em momento anterior, e qualquer que seja a causa, do respectivo processo, o órgão de administração da sociedade visada não poderá, *salvo autorização específica de assembleia geral* convocada para esse efeito, praticar quaisquer actos que não se reconduzam à gestão normal da sociedade visada e que, pela sua natureza ou condições especiais, possam afectar de modo relevante o êxito da oferta ou os objectivos e intenções anunciados pelo oferente, nomeadamente». A anterior redação referia-se a uma *autorização específica da assembleia geral convocada para esse efeito*, e não, como na atual redação a uma *convocação exclusivamente para o efeito*. A pergunta que se coloca, nesta sede, prende-se com saber se a assembleia geral convocada para deliberar sobre a autorização a conceder ao conselho de administração para a prática dos atos que, à partida, lhe estariam vedados, apenas pode deliberar sobre estes atos ou, pelo contrário, se também pode deliberar sobre outras matérias naquela mesma assembleia geral[105].

A CMVM pronunciou-se quanto a esta questão no n.º 2 da Resposta à Sonaecom de 6 de abril de 2006, sendo o seu entendimento o seguinte: «a assembleia geral que autorize o órgão de administração da sociedade visada a adoptar deliberações enquadráveis no art. 182.º do Código dos Valores Mobiliários deve circunscrever-se à apreciação e deliberação sobre tais assuntos como objecto único da reunião». Nesta medida, na assembleia geral destinada a autorizar a prática daqueles atos apenas se poderiam discutir aquelas mesmas autorizações, ficando vedada a discussão de um qualquer outro assunto. A CMVM entende que apenas este será o entendimento correto, sustentando o seguinte: «como forma de proporcionar uma reflexão mais aturada sobre a adopção de medidas que possam frustrar os objectivos das ofertas em curso, a lei obriga a que as assembleias gerais autorizativas sejam convocadas tendo tais matérias como objecto exclusivo (art. 182.º, n.º 3 alínea b) do Código dos Valores Mobiliários). Isso não impede, de acordo com o regime comum, que os accionistas formulem propostas de inclusão de assuntos na convocatória, nos termos gerais (art. 378.º CSC), desde que respeitado o objecto específico da reunião»[106].

No n.º 3 da Resposta, escreveu-se ainda que «é anulável a deliberação da assembleia geral da sociedade visada que adopte medidas enquadráveis no art. 182.º do Código dos Valores Mobiliários em reunião convocada para apreciar igualmente outros assuntos. Em caso de violação da exigência legal de uma apreciação separada pela assembleia geral quanto à adopção de medidas subsumíveis ao art. 182.º CVM, as deliberações tomadas são consideradas anuláveis, por ter sido preterida uma exigência ligada ao correspondente *iter* deliberativo (art. 58.º, n.º 1 a) CSC). Nos termos gerais, a competência para a anulação da deliberação pertence exclusivamente aos tribunais.

[105] A propósito do caso PT colocou-se a mesma questão. Ora, como recorda ORLANDO VOGLER GUINÉ, *Da conduta (defensiva) da administração "opada"*, cit., p. 199, «a propósito do termo legalmente empregue pôs-se a questão de saber se, quanto às Assembleias Gerais anuais de 2006 da PT, PTM e do BPI na pendencia das OPA's que sobre elas incidiam, a Assembleia Geral de cada uma de tais sociedades poderia deliberar para estes efeitos juntamente com outras deliberações sobre outros âmbitos ou se, pelo contrário, o objecto de uma deliberação da Assembleia Geral para efeitos do disposto no art. 182.º do CVM se deveria ater somente com a autorização à Administração para a prática do acto, posição esta advogada pela CMVM».

[106] Disponível em https://www.cmvm.pt/pt/legislacao/legislacaonacional/pareceres/pages/parecer-gen%C3%A9rico-da-cmvm-sobre-os-deveres-de-comportamento-na-pend%C3%AAncia-de-oferta-p%C3%BAblica-de-aquisi%C3%A7%C3%A3o-(opa).aspx

A anulabilidade é sanável pelo decurso do tempo se não tiver havido tempestivamente a interposição de acção de anulação da deliberação social ou se for adoptada deliberação de renovação convocada regularmente».

Apesar do entendimento da CMVM, aquilo que se entenda como *exclusivamente para o efeito*, tem sido alvo de debate entre a doutrina nacional, onde alguns autores sustentam que não existe uma razão válida para a restrição de assuntos possíveis alvo de deliberação numa mesma assembleia. Neste sentido, em resposta à CMVM naquele texto[107], Orlando Vogler Guiné, sustenta que aqueles argumentos não seriam suscetíveis de justificar a restrição: «em primeiro lugar, levado a extremos, aquele argumento substancial deveria em bom rigor implicar que houvesse uma Assembleia Geral para cada ato sobre o qual deliberar, o que seria perfeitamente irrazoável. Mas, se então poderão ser levados a uma mesma Assembleia Geral 1, 2, 3 ..., 10, 11 ou 12 ou mais atos, por que razão não se deve permitir que tais deliberações se cumulem com assuntos de outro tipo na ordem de trabalhos? Assim parece justificar um princípio de economia de meios, a que a realização das Assembleias Gerais não deverá deixar de obedecer»[108]. Por outro lado, e no mesmo sentido, «[...] é um foco de confusão para os acionistas uma sucessão de Assembleias Gerais num curto espaço de tempo. Aliás, o chamar devidamente a atenção para os assuntos em discussão não conflitua com a cumulação com outros pontos da ordem de trabalhos, mas antes implica que da convocatória conste a conexão dos atos deliberandos com o disposto no art. 182.º e a maioria exigida para aprovar as mesmas deliberações e que seja dado o devido destaque na convocatória divulgada»[109].

Em sentido convergente com a posição adotada pela CMVM pronunciou-se Alexandre de Soveral Martins[110] bem como João Cunha Vaz[111]. Nas palavras deste último autor, «o CódVM na sua versão anterior dispunha que a AG fosse convocada *especificamente* para o efeito, pelo que daqui se conclui que o legislador quis realçar a necessidade de uma AG convocada

[107] A Resposta da CMVM à Sonaecom de 6 de abril de 2006.

[108] Cfr. Orlando Vogler Guiné, *Da conduta (defensiva) da administração "opada"*, cit., pp. 200-201.

[109] *Idem*, p. 201. Em sentido diverso, Alexandre de Soveral Martins, "Poderes dos administradores e OPA: "em bolandas" entre o art. 182.º do CVM e o art. 409.º do CSC", cit., p. 103.

[110] Cfr. Alexandre de Soveral Martins, "Poderes dos administradores e OPA: "em bolandas" entre o art. 182.º do CVM e o art. 409.º do CSC", cit., p. 103, segundo o qual, «se tem de ser convocada exclusivamente para o efeito, não poderá ser convocada para discutir ou deliberar quanto a outros assuntos».

[111] Cfr. João Cunha Vaz, *A OPA e o controlo societário*, cit., p. 242.

única e *exclusivamente* para efeitos de autorização da medida de defesa (anti-OPA) em causa, e não para qualquer outro efeito. Temos, assim, que qualquer AG que seja convocada com vista à obtenção da autorização de uma medida defensiva nos termos da norma do art. 182º/3 b) deve ser somente convocada para esse fim e não outro»[112]. Teria sido intenção do legislador dar ênfase àquela deliberação «[...] e ao especial poder de os accionistas se pronunciarem sobre a OPA, tomando uma maior consciencialização quanto à importância da sua intervenção nesta matéria e ao poder de se oporem à oferta em causa através da adopção de medidas defensivas»[113].

Cabe compreender, então, o disposto naquele preceito. A alteração da redação do preceito constitui um dos elementos de interpretação a ter em conta para a compreensão do âmbito de aplicação daquela norma. Contudo, a alteração da redação do preceito não constitui, à luz das regras de interpretação da lei, o único elemetno interpretativo a ter em conta, podendo da sua análise circunscrita retirar-se um resultado interpretativo. Impõem-se, portanto, a compreensão da *ratio* daquela exigência.

A exigência de uma convocação *exclusivamente* para o efeito prende-se com a importância do assunto a deliberar. Estamos perante uma matéria que, por de nuclear importância, cabe à assembleia geral, porquanto são os sócios os proprietários da sociedade e é apenas a estes que se dirige a oferta. A procedência ou improcedência da OPA determinará a mudança ou não do controlo da sociedade[114]. Neste sentido, trata-se de uma decisão a tomar pelos acionistas com grande impacto sobre os destinos da sociedade. É justamente isto que justifica que a Diretiva das OPA – bem como as normas do CVM que a transpõem – se preocupe, em várias disposições, com a necessidade de os acionistas se encontrarem devidamente informados[115].

Do exposto resulta que, dada a importância da decisão a tomar, os acionistas devem dispor do tempo, informação, mas também de condições materiais necessárias para a tomada daquela decisão. Não estamos em crer,

[112] *Idem.*

[113] *Idem.*

[114] Cfr. ORLANDO VOGLER GUINÉ, *Da conduta (defensiva) da administração "opada"*, cit., p. 19. Também assim, entre outros, ANDREAS CAHN/ MICHAEL SENGER , "Das Gesetz zur Regelung von öffentlichen Angeboten zum Erwerb von Wertpapieren und Unternehmensübernahmen", cit., pp. 277-295; CARSTEN THOMAS EBENROTH/ THOMAS DAUM, "Die Kompetenzen des Vorstands einer Aktiengesellschaft bei der Durchführung und Abwehr unkoordinierter Übernahmen", cit., p. 1106; JENS EKKENGA , "§ 33 WpÜG: Neutralitätsgebot und Grundsatz der Abwehrbereitschaft?", cit., p. 96.

[115] Cfr. os considerandos n. 13 e 17, artigo 3.º, n.º 1, alínea b) bem como o artigo 10.º.

como o primeiro autor temia, que se deva interpretar o *exclusivamente* como uma exigência de, para cada medida a ser tomada, se convocar assembleias distintas. Aquilo que se exige é que os acionistas disponham de condições para refletir sobre as várias alternativas de ação e ponderar sobre as medidas a tomar. Prendendo-se a razão justificativa da norma com a tutela dos interesses dos sócios na tomada de decisão nada justifica que numa mesma assembleia geral não se possam discutir entre várias medidas defensivas – ou atos proibidos nos termos do n.º 1 do artigo 182.º – a praticar pelo conselho de administração, mediante a autorização da assembleia nos termos do artigo 182.º, n.º 3, alínea b). A questão que se impõe é a de saber se para além dessas várias medidas, podem ser deliberadas, na mesma assembleia geral, outras medidas que nada tenham que ver com a OPA.

Atendendo ao perigo que a norma visa evitar, isto é, o de os acionistas não terem as condições materiais necessárias para a tomada de decisão, bem como à circunstância da alteração de redação dada aquando da entrada em vigor do novo CVM, juntamente com a exigência de mínimo de correspondência verbal com a letra da lei[116], o resultado interpretativo a que se chega excluí a possibilidade de, na mesma assembleia geral convocada para a discussão sobre a autorização da prática de determinados atos proibidos nos termos do artigo 182.º, n.º 1 ao conselho de administração, os acionistas possam deliberar sobre matérias não relacionadas com a autorização a prestar nos termos do artigo 182.º, n.º 3, alínea b). Em suma, em assembleia geral convocada para efeitos do artigo 182.º, n.º 3, alínea b), podem os acionistas discutir sobre a prática de um ou vários atos proibidos nos termos do n.º 1 daquele preceito, excluindo-se a possibilidade de discussão e deliberação de matérias não relacionadas com a concessão de autorização para a prática daqueles atos.

3.3.2 O momento da convocação: a inadmissibilidade de autorizações prévias por parte da assembleia geral

Uma segunda questão prende-se com saber se a assembleia geral, antes mesmo de a sociedade se encontrar visada por uma OPA, pode autorizar o conselho de administração a praticar os atos que, na pendência daquela, se lhe encontram vedados por imposição do dever de neutralidade. Decorre do artigo 182.º, n.º 1, que o período de imposição do dever de neutralidade se

[116] Exigência que resulta do artigo 9.º, n.º 2 do Código Civil.

inicia a partir do momento em que o conselho de administração tome conhecimento da decisão de lançamento da oferta[117]. Todavia, os acionistas, destinatários da oferta, antes de a sociedade ser visada por uma OPA podem ter a pretensão de se precaver e deliberar sobre a autorização da prática de certos atos proibidos pelo n.º 1 do artigo 182.º, previamente.

Mais uma vez, a resposta a esta questão passará pela articulação com tudo o que tem sido sufragado até agora. A OPA dirige-se ao domínio da sociedade por parte do oferente que dirige uma proposta aos acionistas daquela com

[117] Uma outra questão aqui se coloca: quando é que se pode dizer que se tomou conhecimento da decisão de lançamento da oferta? O artigo 182.º, n.º 2, alínea a) estabelece que se equipara ao conhecimento a receção pela sociedade visada do anúncio preliminar. Veja-se Orlando Vogler Guiné, *Da conduta (defensiva) da administração "opada"*, cit., pp.137-141; João Cunha Vaz, *A OPA e o controlo societário*, cit., pp. 204 e ss. Veja-se ainda Jorge Brito Pereira, "A limitação dos poderes da sociedade visada durante o processo de OPA", cit., pp. 184-185, que entende não existir uma qualquer justificação para que o início do período inibitório ocorra perante o conhecimento de uma mera hipótese de lançamento de OPA: «a *ratio* da regra não permite, como já verificámos, abarcar tal hipótese. Se a inibição se justifica pela defesa da posição do oferente e dos destinatários da oferta, a mesma não terá qualquer sentido quando a oferta se apresenta como uma mera possibilidade». Tendemos a concordar com este último autor quanto ao resultado, mas não quanto à fundamentação. Estamos em crer que o conhecimento a que se refere o artigo 182.º, n.º 1 tem que ver com o conhecimento da *intenção* de lançamento da oferta e não de uma *mera possibilidade*: assim, o conhecimento não diz apenas respeito ao momento em que a sociedade toma conhecimento do anúncio preliminar, podendo estar aqui em causa também aquelas situações em que o oferente já decidiu que vai lançar a OPA, mas estando a decisão definitiva dependente da verificação de uma condição prévia. Nestes casos, há já a intenção séria de lançamento, que ainda não se concretizou por não verificação de todas as condições necessárias. Se o que se visa com o disposto no artigo 182.º, n.º 2 é evitar que os administradores frustrem a possibilidade de os acionistas venderem as suas participações ao oferente, quando esteja na eminencia o lançamento da OPA, os administradores ficarão já sujeitos àquele dever. Solução diversa levaria a que os administradores tivessem conhecimento que em pouco tempo a sociedade seria efetivamente visada por uma OPA, aproveitando os administradores entre o momento do conhecimento e o momento do anúncio preliminar para praticar os atos suscetíveis a frustrar a oferta. O próprio artigo 182.º, n.º 2, alínea a) estipula que se "equipara ao conhecimento" a receção do anúncio preliminar, não o definindo como o momento pelo qual se *deve* aferir que a sociedade tomou conhecimento. De resto é esta a solução defendida por aquele último autor, que acrescenta que: por um lado, «não bastará o conhecimento de um qualquer rumor, mais ou menos fundado, de lançamento de OPA, sendo antes indispensável que o órgão de administração tenha conhecimento firma da situação decisória», sendo assim, «para que o conhecimento da intenção tenha relevo jurídico, necessário se torna que a administração da sociedade visada conheça ou possa conhecer tais objectivos do oferente». Por fim, «a partir do momento em que a decisão está tomada e é do conhecimento da administração da sociedade visada nos seus contornos essenciais, estando o Oferente em processo de preparação do anúncio preliminar ou, estando este já preparado, encontrando-se em processo de comunicação de tal anúncio, não nos restam dúvidas que a decisão de lançamento está tomada e deve ser protegida pelo sistema».

o fim de adquirir as participações sociais dos sócios que a integram[118]. Neste sentido, atenderá à situação da sociedade no momento em que decide lançar a oferta. Por outro lado, os acionistas apenas se encontram na possibilidade de conhecer os concretos contornos da oferta após o anúncio preliminar e, assim, apreciar a oferta[119]. É daqui que devemos partir.

Quando a assembleia delibere previamente ao lançamento da OPA a possibilidade de os membros do conselho de administração praticarem atos que estariam proibidos ao abrigo do artigo 182.º, n.º 1 na pendência da OPA, fazem-no tendo em conta as circunstâncias da altura da tomada de deliberação. Assim, o sobrevir de uma OPA altera – ou pode alterar – as circunstâncias em que a sociedade se encontra envolta, podendo alterar, também assim, a preferência dos sócios quanto à procedência ou improcedência da oferta[120]. Por outro lado, vimos no ponto anterior que as deliberações da assembleia geral quanto a este tema devem ser tomadas após os sócios estarem devidamente informados para que possam fazer as ponderações necessárias à tomada de decisão sobre o mérito da oferta. Ademais, o artigo 182.º, n.º 4, alínea b) estabelece que as deliberações da assembleia nos termos da alínea b), do n.º 3 do mesmo preceito, bem como as relativas à distribuição antecipada de dividendos e outros rendimentos, apenas podem ser tomadas pela maioria exigida para a alteração dos estatutos[121].

[118] Cfr. *supra* ponto §2.º.

[119] Cfr. *supra* ponto 3.3.1.

[120] Cfr. Orlando Vogler Guiné, *Da conduta (defensiva) da administração "opada"*, cit., p. 197.

[121] O que levaria, se o fosse de admitir, que mesmo que a deliberação pudesse ser tomada previamente ao lançamento da OPA, essa mesma deliberação teria de ser tomada com a maioria exigida para as deliberações, cujo objetivo seja o mesmo, destinadas a autorizar a prática dos atos proibidos nos termos do artigo 182.º, n.º 1, já na pendência da oferta. Admitir-se o contrário, isto é, a possibilidade de a assembleia geral deliberar previamente ao lançamento da oferta, mediante maioria simples – aquela exigida por regra para as deliberações da assembleia geral – seria admitir uma "aprovação em fraude à lei". Não queremos aqui defender a autonomização da fraude à lei – sobre a não autonomização da fraude à lei no Direito português António Menezes Cordeiro, *Tratado de direito civil português*, I, cit., pp. 694-697. O que se pretende é apenas demonstrar que, perante a proibição legal, que se retira *a contrario* da norma do artigo 182.º, n.º 4, alínea b), de a deliberação da assembleia geral ser tomada por uma maioria inferior àquela exigida para a alteração dos estatutos, o que se proíbe não é apenas uma certa atuação mas também determinado resultado. Na medida em que seja proibido o resultado, tanto será proibida a prática de determinados atos (previstos no artigo 182.º, n.º 1) pelo conselho de administração que não tenham sido previamente autorizados pela assembleia geral com a maioria devida, como aqueles que tenham sido aprovados, sem cumprir com a maioria exigida para a alteração dos estatutos. Neste sentido, quando o artigo 182.º, n.º 4, alínea b) exige que a deliberação seja tomada por maioria qualificada, o que se visa não é apenas a proibição de uma atuação – a aprovação, na pendência da OPA, de uma deliberação que cumpra

Do exposto resulta a ideia segundo a qual os sócios só podem tomar uma decisão quanto à autorização da prática de determinados atos após conhecida a proposta do oferente, devidamente informados, e segundo a maioria exigida nos termos do artigo 182.º, n.º 4, alínea b).

Necessariamente estas circunstâncias só se encontram preenchidas após o conhecimento do lançamento da oferta e, bem assim, no início do período do artigo 182.º, n.º 1. Acrescente-se que, como vimos, a assembleia geral só deverá autorizar os atos que sejam suscetíveis de conduzir a uma alteração das circunstâncias ou que preencham uma condição validamente estabelecida que permita ao oferente revogar ou modificar a oferta: atos esses que só são identificáveis após a análise da concreta oferta e da concreta condição.

Os acionistas não se encontram em condições de previamente antever que concretos atos podem ser suscetíveis de se reconduzir a uma situação em que o oferente se pode desvincular da oferta. Corolário de tudo o que se acaba de dizer é o facto de aquelas deliberações serem inadmissíveis à luz das razões justificativas do regime em causa[122]. Admitimos, todavia, como o fazem alguns autores, que a assembleia geral possa deliberar sobre a possibilidade de a administração praticar determinados atos que lhe estariam vedados, exigindo-se no entanto que as medidas previamente deliberadas – por maioria qualificada – sejam confirmadas pela assembleia geral, com a exigência da maioria exigida nos termos do artigo 182.º, n.º 4, alínea b)

com a maioria exigida –, mas antes a produção de um resultado que a lei visa impedir: a deliberação sobre medidas defensivas por uma maioria simples em detrimento, como veremos, dos interesses dos sócios minoritários da sociedade visada.

[122] Neste sentido Jorge Brito Pereira, "A limitação dos poderes da sociedade visada durante o processo de OPA", cit., p. 198, nos termos do qual «não será sequer admissível, para efeitos desta norma, que a Assembleia delibere previamente ao conhecimento da OPA, deixando expresso que essa deliberação poderia ser executada pela administração em caso eventual de lançamento de OPA. Na verdade, ao ser exigido que a assembleia seja "convocada especificamente para o efeito durante o prazo da oferta", fica clara a intenção do legislador de apenas permitir que tal deliberação seja tomada tendo presente as condições de uma específica oferta». De igual modo se pronunciou Raúl Ventura, *Estudos vários sobre sociedades anónimas*, cit., pp. 199-200; e Luís Fragoso, "A OPA inibitória e a limitação de poderes da sociedade visada. O art. 182.º do CVM", março de 2005, disponível em verbojuridico.net, p. 35. O mesmo resultava já do Relatório *Winter I*, pp. 27-28, onde se defendia que apenas após o lançamento da oferta os acionistas estão em condições de poder tomar uma decisão adequada sobre a aplicação de uma medida defensiva, na medida em que somente nesse momento poderão considerar todas as circunstâncias relevantes para a sua tomada de decisão.

na pendência da OPA[123/124], e no caso de esses atos carecerem, efetivamente, de autorização da assembleia geral, na medida em que, como vimos, se não forem suscetíveis de consubstanciar uma situação de alteração das circunstâncias ou de preencher uma condição validamente estabelecida que permita ao oferente retirar a oferta, então nunca necessitariam daquela autorização.

Por um lado, sendo as medidas deliberadas previamente insuscetíveis de consubstanciar-se numa alteração das circunstâncias ou preencher uma condição validamente estabelecida, os administradores sempre as poderão praticar sem necessidade de deliberação. Por outro, quando sejam suscetíveis de tal, não tendo sido a deliberação prévia tomada pela maioria exigida nos termos do artigo 182.º, n.º 4, alínea b), aquela medida não pode ser praticada sem que seja aprovada pela maioria exigida – a razão justificativa de exigência daquela maioria prende-se com a tutela das minorias, tal como se prende a de todas as normas que implicam uma maioria qualificada:

[123] Também neste sentido, João Cunha Vaz, *A OPA e o controlo societário*, cit., p. 258, sustenta que será mais conveniente e desejável que os destinatários da OPA confirmem aquela autorização prévia, na pendência da mesma, ou seja, após terem pleno conhecimento das condições concretas da oferta de modo a não ficarem vinculados a uma deliberação anterior, a qual pode, face àquelas condições, ver agora o seu destino alterado. Assim sendo, o órgão de administração só poderá aplicar a medida defensiva anti-OPA previamente deliberada, se a mesma for confirmada pelos acionistas no decurso da oferta». Em sentido convergente, Orlando Vogler Guiné, *Da conduta (defensiva) da administração "opada"*, cit., p. 195: «se em todos os casos, sem exceção, só perante uma dada OPA concreta e em curso devem poder os sócios deliberar sobre o assunto em questão, o paternalismo legislativo talvez seja excessivo. Quando os sócios tivessem deliberado anteriormente, atingindo a maioria exigida naquele n.º 4 e previsto expressamente a eventualidade da OPA, talvez essa deliberação devesse poder ser executada pela Administração. Por outro lado, relativamente aos accionistas que tivessem assumido essa qualidade após a tomada da deliberação, seria racionalmente exigível que se tivessem informado sobre as deliberações anteriores da AG, para mais quando, no que toca a sociedades cotadas, a adoção de tais deliberações deverá estar publicamente disponíveis». Jorge Brito Pereira, "A limitação dos poderes da sociedade visada durante o processo de OPA", cit., p. 177 e João Calvão da Silva, "Ofertas públicas de aquisição", cit., p. 191. Ainda neste sentido, na doutrina alemã Tim Drygala , "Die neue deutsche Übernahmeskepsis und ihre Auswirkungen auf die Vorstandspflichten nach § 33 WpÜG", cit., p. 1867. Note-se que nos termos do §33(2) WpÜG, a assmebleia geral pode deliberar previamente com o propósito defensivo desde que essa deliberação tenha sido tomada até dezoito meses antes e por maioria qualificada e, por isso, encontra-se expressamente previsto na lei esta possibilidade.

[124] É de afastar, todavia, e pelas razões expostas o entendimento segundo o qual estas medidas não carecem de ratificação, ficando a assembleia a elas vinculadas e tendo o conselho de administração de as adotar quando surja a OPA – neste sentido, Augusto Teixeira Garcia, "OPA. Da oferta pública de aquisição e seu regime jurídico", in Studia Iuridica 11, BFDUC, Coimbra Editora, Coimbra, 1995, p. 249.

trata-se de uma matéria nuclear da vida societária, não podendo prevalecer a vontade dos maioritários[125]. Neste sentido, ou a medida previamente deliberada é confirmada pela maioria exigida para a deliberação, ou o conselho de administração não está autorizado à sua prática. A medida deve, todavia, ser confirmada apenas após a análise da concreta oferta e feitas todas as ponderações necessárias para que se confirme ou não a vontade de prosseguir com aquela medida.

3.3.3 A necessidade de especificação das medidas a tomar pelo conselho de administração

Por fim, há ainda que questionar se aquando da deliberação por parte da assembleia geral, nos termos do artigo 182.º, n.º 3, alínea b), esta deve especificar as medidas concretas a ser tomadas pelo conselho de administração ou se, pelo contrário, a deliberação pode incidir sobre "quaisquer medidas" – leia-se, atos proibidos nos termos do n.º 1 do artigo 182.º – que o conselho de administração entenda necessárias. A admitir-se a segunda hipótese estaríamos perante um caso em que a assembleia geral daria uma *carta branca* aos membros do órgão de administração para escolher as medidas defensivas a adotar.

À luz da razão justificativa da norma constante do artigo 182.º, n.º 3, alínea b), parece-nos, sem grande dificuldade, que a permissão de atuação por parte do conselho de administração sem especificação das medidas concretas deve ser rejeitada[126]. Mediante a atribuição da possibilidade de tomar toda e qualquer medida que ache necessária ao conselho de administração na pendência da OPA, colocar-mos-íamos a possibilidade de escolha da condução do destino da sociedade nas mãos do conselho de administração, isto é, a possibilidade de decidirem sobre o mérito da oferta.

Pelo contrário, o que se pretende é que os acionistas, devidamente informados, possam ponderar e decidir sobre o rumo que querem dar à sociedade, nomeadamente, vendendo ou não as suas participações. Esta ideia é incompatível com aqueloutra de não especificação das medidas. Se é deixada

[125] Assim como, por exemplo, no que diz respeito à alteração dos estatutos – artigo 383.º, n.º 2 do CSC.

[126] Assim, também, José Miguel Júdice/Maria Luísa Antas/António Artur Ferreira/Jorge de Brito Pereira, *Ofertas Públicas de Aquisição. Legislação comentada*, cit., p. 128. Também Schlitt, in *München Kommentar zum Aktiengesetz*, cit., §33a, n. m. 34; Schröder/Niggemann, in *Münchener Anwalts-handbuch Aktinerecht*, cit., §51, n. m. 118.

ao conselho de administração a escolha entre as diversas medidas defensivas a tomar, é deixada, então, a escolha sobre o mérito ou demérito da oferta àquele órgão – e este é justamente o cenário que se visa evitar com todo o regime do artigo 182.º.

Isto porque, ainda que o oferente não retire a oferta com base no ato decidido e praticado pelos administradores, cabe apenas aos sócios a escolha do concreto ato de gestão a autorizar, podendo não ter interesse na prática de um demais ainda que queiram inviabilizar a oferta. Imaginemos que, num caso totalmente hipotético, vários atos são suscetíveis de levar a que o oferente possa retirar a oferta. Um deles traduz-se na venda de uma máquina específica na qual o oferente tinha manifestado inequivocamente a vontade de adquirir. Os acionistas podem querer inviabilizar a oferta, mas ainda assim não querer vender aquela concreta máquina, pelo que caso deliberassem em assemblei ageral para o efeito nunca consentiriam com aquela venda, mas apenas com outras medidas.

Poder-se-á argumentar no sentido de que os membros do conselho de administração se encontram mais capazes de decidir qual a melhor medida a tomar, mas este argumento caí justamente porque se presume que aqueles sujeitos se encontram em conflito de interesses[127]. No limite, será de admitir que os membros do conselho de administração se pronunciem quanto às diversas medidas, esclarecendo os acionistas sobre as vantagens e desvantagens de cada uma, cabendo, todavia, a especificação da medida – ou leque de medidas – a tomar à assembleia geral.

[127] Cfr. *supra* ponto §2.º

§ 4.º

AS VICISSITUDES DA DELIBERAÇÃO DA ASSEMBLEIA GERAL, NOS TERMOS DO ARTIGO 182.º, N.º 3, ALÍNEA B)

4.1 A validade do voto e da deliberação da assembleia geral, nos termos do artigo 182.º, n.º 3, alínea b)

Na medida em que, nos termos do artigo 182.º, n.º 3, alínea b), a assembleia geral pode deliberar no sentido de autorizar o conselho de administração a praticar determinados atos de gestão que sem esta deliberação seriam proibidos – como acabámos de ver *supra*, nos termos do artigo 182.º, n.º 1 –, a deliberação daquela destinada a autorizar – ou a vincular, como veremos – estes mesmos atos comunga dos diversos problemas suscitados a propósito das deliberações daquele órgão em geral[128].

Por um lado, para além das vicissitudes da própria deliberação[129], ter-se-á de indagar, previamente, aquelas ligadas com o próprio voto de cada sócio – particularmente a sua validade. Nomeadamente impõem-se saber, nesta sede,

[128] No que a estas diz respeito há que ter especialmente em conta o disposto nos artigos 56.º e 58.º do CSC. Sobre o tema em geral veja-se, entre outros, José de Oliveira Ascensão, "Invalidades das deliberações dos sócios", in *Problemas do Direito das* Sociedades, Almedina, Coimbra, 2002, pp. 371-398; Paulo Olavo Cunha, *Impugnação de deliberações sociais*, Almedina, Coimbra, 2015, pp. 175-257; ID – *Deliberações sociais: formação e impugnação*, Almedina, Coimbra, 2020; Manuel Carneiro da Frada, "Deliberações sociais inválidas no novo código das sociedades", in *Novas perspectivas do direito comercial*, 1988, pp. 315-336; ID – *Renovação de deliberações sociais*, Separata do vol. LXI do Boletim da Faculdade de Direito da Universidade de Coimbra, 1987; Pedro Maia, "Deliberações dos sócios e respectiva documentação: algumas reflexões", in *Nos 20 anos do código das sociedades comerciais*, Coimbra Editora, Coimbra, 2007, pp. 651-692; ID –"Deliberações dos sócios", in *Estudos de direito das sociedades*, coord. Jorge Coutinho de Abreu, Almedina, Coimbra, 2015, pp. 223-254; António Menezes Cordeiro, *S.A.: assembleia geral e deliberações sociais*, Almedina, Coimbra, 2006; Jorge Coutinho de Abreu, "Diálogos com a jurisprudência: deliberações dos sócios abusivas e contrárias aos bons costumes", in *DSR*, a. 1, v.1, (Mar. 2009), Almedina, Coimbra, pp. 33-47.

[129] Onde são chamados à colação os artigos 56.º e 58.º do CSC.

se o oferente, no caso de ser acionista da sociedade visada[130], pode votar na deliberação que se destina a autorizar (ou a vincular) a prática de determinados atos pelo conselho de administração que sejam suscetíveis de conduzir à possibilidade de o oferente retirar a oferta[131]. A questão que se coloca prende-se, assim, com saber se, por ter interesse no sucesso da oferta, na medida em que visa adquirir as participações sociais dos demais sócios enquanto destinatários daquela, fica impedido de votar naquela concreta deliberação (particularmente por se concluir que existe, nestes casos, um conflito de interesses relevante, suscetível de justificar a inibição do direito de voto daquele concreto acionista – o oferente). Por outro lado, a mesma questão se coloca a propósito dos administradores que sejam simultaneamente acionistas: em especial, porque aqueles, como vimos, podem encontrar-se em situação de conflito de interesses justificada pelo receio de perda do seu cargo[132].

Aferida a validade ou invalidade daqueles votos – do oferente e administrador que sejam simultaneamente sócios da sociedade visada –, e chegada à conclusão, que se antevê, de que, pelo menos num daqueles casos não existe razão justificativa válida para a restrição do direito de voto, cumpre compreender, nesse momento posterior, a relevância das deliberações abusivas nesta sede. A constatação mediante a qual o voto é válido não exclui, mas, pelo contrário convoca, o já conhecido problema em geral dos votos abusivos, nos termos do artigo 58.º, n.º 1, alínea b), do CSC. A validade do exercício do direito de voto não afasta os problemas relacionados com a própria validade da deliberação da assembleia geral, antes põe, no caso em apreço, em evidência a importância daquele regime.

[130] Muitas vezes, como primeiro momento da aquisição do controlo sobre determinada sociedade, o futuro oferente adquire, antes do lançamento da OPA, participações em número significativo da sociedade visada – sem prejuízo de, se adquirir certos limites de participações, ser obrigado, nos termos do artigo 16.º a comunicar ao mercado a aquisição de participações qualificadas, devendo, nos termos do artigo 187.º, se preenchido o seu âmbito, proceder-se obrigatoriamente ao lançamento de uma OPA.

[131] Levanta também o problema João Cunha Vaz, *A OPA e o controlo societário*, cit., p. 181, e Orlando Vogler Guiné, *Da conduta (defensiva) da administração "opada"*, cit., p. 206. A propósito do tema, no ordenamento jurídico alemão, veja-se Roger Kiem, "Der Hauptversammlungsentscheid zur Legitimation von Abwehemassnahmen nach dem neuen Übernahmegesetz", cit., p. 1512; Hartmut Krause/Thorsten Pötzsch, "Andlungen des Vorstands der Zielgesellschaft", in *Wertpapiererwerbs- und Übernahmegesetz Kommentar*, hsgr. Heinz-Dieter Assmann, Thorsten Pötzsch, Uwe Schneider, Verlag Dr. Otto Schmidt, 2005, p. 1076.

[132] Cfr. *infra* ponto §2.º.

Por fim, para além dos problemas referentes à validade do voto e às vicissitudes da deliberação da assembleia geral – mais precisamente, as deliberações abusivas –, uma última questão deverá ser tratada neste ponto: tomada a deliberação, sem que esta padeça de nenhum vício, ficam os administradores *vinculados* a praticar as medidas deliberadas pelos acionistas em assembleia geral? A resposta não é clara e exige que se distinga entre a deliberação da assembleia geral destinada a *autorizar* a prática de determinados atos à partida proíbidos e aquela destinada a deliberar sobre atos que o conselho de administração *deve* tomar.

Nenhuma das questões agora colocadas pode ser respondida sem que previamente se compreenda o fundamento do próprio direito de voto. Apenas compreendido o fundamento do direito de voto se pode responder à questão sobre se tanto o oferente como o administrador que seja sócio da sociedade pode ou não votar na assembleia geral para efeitos do artigo 182.º, n.º 3, alínea b). Na medida em que o direito de voto é um direito inerente à participação social[133], aqueles sujeitos, são, à semelhança dos demais – e independentemente de outras considerações adicionais, nomeadamente o *status* de administrador ou a posição de oferente – sócios da sociedade visada. Apenas existindo uma razão justificativa válida para a restrição do exercício daquele direito se poderá limitar o seu exercício a sujeitos que, sendo sócios da sociedade, o poderiam, à partida, exercer. No demais, na ausência de uma qualquer razão justificativa válida para a restrição do exercício do direito de voto, nada justifica que nem o oferente nem o administrador, quando sejam sócios da sociedade visada pela OPA, não possam exercer o seu direito de voto em assembleia geral convocada nos termos do artigo 182.º, n.º 3, alínea b).

4.1.1 O fundamento do direito de voto

O estudo referente à compreensão do fundamento do direito de voto não se encontra, pelo menos entre a doutrina portuguesa, tão desenvolvido quanto se poderia pensar. Esta matéria é geralmente tratada a propósito das inibições de voto por conflito de interesses que não pode deixar de ter como ponto

[133] Nos termos do artigo 21.º, n.º 1, alínea b) do CSC, todo o sócio tem direito a participar nas deliberações de sócios, sem prejuízo das restrições previstas na lei, sendo que esta participação se faz mediante o exercício do direito de voto. Sobre o direito de voto em geral, *vide* PEDRO MAIA, *Voto e corporate governance. Um novo paradigma para a sociedade anónima*, Almedina, Coimbra, 2019, pp. 85 e ss.

de partida o estudo daquele fundamento[134]. A questão a que agora pretendemos dar resposta, nomeadamente a de saber se existe alguma razão justificativa válida para a inibição do direito de voto tanto do oferente como do administrador que sejam sócios da sociedade visada pela OPA, terá igualmente de partir, como se salientou, da compreensão do próprio fundamento do direito de voto.

Nos termos do artigo 21.º, n.º 1, alínea b), do CSC, todo o sócio tem o direito de participar nas deliberações de sócios – leia-se, em assembleia geral de sócios – sem prejuízo das restrições previstas na lei. O direito de voto é, nestes termos e desde logo, um direito que é atribuído ao sócio enquanto sujeito que adquire participações socias numa sociedade para, mediante a sua atribuição, poder votar em assembleia geral nos assuntos que nesta sejam discutidos[135]. Todavia, o sócio, ao entrar para a sociedade não detém apenas direitos, mas também deveres. É tendo em conta os deveres que sobre si impendem que com maior facilidade se compreende a atribuição do direito de participação aos sujeitos que adquirem participações em determinada sociedade. Ora, a participação – ou investimento – numa sociedade acarreta para o sócio, não apenas vantagens, mas também eventuais desvantagens: o sócio, ao adquirir participações sociasi e, por isso mesmo, ficando acionista da sociedade, fica obrigado, caso existam, a quinhorar nas perdas, nos termos do artigo 20.º, alínea b), do CSC. Resulta do artigo 22.º, n.º 1, do CSC que aquele, na falta de preceito especial ou convenção em contrário, participa nos lucros e nas perdas da sociedade segundo a proporção do valor da respectiva participação social.

Fica, pois claro, que o sócio, quando entra na sociedade, passa a "deter parte desta" cabendo-lhe, na medida da sua participação – já que é este juntamente com os demais sócios – suportar as consequências resultantes da atividade societária. Tendo em conta que é a este que compete suportar aquilo que resulta da atividade da sociedade, compreende-se que seja também

[134] Sobre o tema, entre nós, em geral David Oliveira Festas, *Das inibições de voto dos sócios por conflito de interesses com a sociedade nas sociedades anónimas e por quotas*, policopiado, 2015, pp. 675 e ss; Pedro de Albuquerque, *O artigo 251.º do CSC como proibição genérica de atuação em conflito de interesses. O direito de voto dos sócios para consentimento da transmissão de quotas*, cit., pp. 57 e ss; Nuno Trigo dos Reis, "As obrigações de votar segundo instruções de terceiro no Direito das sociedades", in *RDS* III, 2, 2011, pp. 403-572, p. 413. Na doutrina alemã veja-se a obra de referência de Wolfgang Zöllner, *Die Schranken mitgliedschaftlicher Stimmrechtsmacht bei den privatrechtlichen Personenverbänden*, Beck: München, 1963.

[135] Isto independentemente de considerações posteriores sobre se o direito de voto se encontra ou não separado de um "direito mais amplo" de participar em assembleia geral – cfr. Pedro Maia, *Voto e corporate governance*, cit., pp. 109 e ss.

a este que se atribua o direito de se pronunciar quanto aos destinos da mesma. Mediante a atribuição do direito de voto, o sócio fica habilitado a discutir os assuntos que à assembleia geral compete decidir, apresentando o seu ponto de vista quanto aos mesmos e votando no sentido que entenda mais favorável.

Sendo, todavia, o direito de voto um direito que é atribuído *porque* o sócio decide ingressar na sociedade – sem esta ação (o adquirir de participações sociais) o direito de voto não existiria –, a doutrina que sobre o tema se tem pronunciado discute se a atribuição deste direito está limitada pela prossecução do interesse social (tratando-se, pois, de um *direito vinculado*) – e, por isso, o sócio teria sempre de votar de acordo com o interesse da sociedade – ou se, pelo contrário, o direito de voto se caracteriza como uma livre expressão da autonomia privada do sujeito que adquiriu determinadas participações numa sociedade – podendo votar no sentido que a si seja mais conveniente.

Segunda a primeira perspetiva, o direito de voto deve ser entendido como um direito de natureza *vinculada* à prossecução do interesse social, retirando daí alguns autores o fundamento para as inibições do direito de voto que recaem sobre os sócios[136]. Assim, por exemplo, PEDRO DE ALBUQUERQUE, defende que «ao entrar para o contrato de sociedade o sócio obriga-se a prosseguir o interesse social, não o seu próprio interesse», donde a sobreposição deste último ao interesse da sociedade deve ter-se por ilícita[137]. Na mesma linha de pensamento, encontramos DAVID OLIVEIRA FESTAS, que começa por entender o voto como um ato de autonomia privada, chegando depois à conclusão de que apesar de livre nos seus fins, o direito de voto deve ser exercido para a prossecução do interesse da sociedade: «enquanto acto de autonomia privada, o exercício do direito de voto é eminentemente livre nos fins. Todavia, tratando-se de um direito de participação na formação da vontade social, importa reconhecer que é conferido a cada sócio para a prossecução de interesses societários individuais e do interesse societário comum e não para

[136] Neste sentido, DAVID OLIVEIRA FESTAS, *Das inibições de voto dos sócios por conflito de interesses com a sociedade nas sociedades anónimas e por quotas*, cit., pp. 675 e ss; PEDRO DE ALBUQUERQUE, *O artigo 251.º do CSC como proibição genérica de atuação em conflito de interesses*, cit., pp. 57, bem como PEDRO DE ALBUQUERQUE/DIOGO COSTA GONÇALVES, "O impedimento do exercício do direito de voto como proibição genérica de atuação em conflito", in *RDS*, III, 3, 2011, pp. 660-676; EDUARDO DE MELO LUCAS COELHO, *Direito de voto dos acionistas nas assembleias gerais das sociedades anónimas*, 1987, pp. 30-31. No ordenamento jurídico alemão WERNER FULME, *Die Rechtsprechung des II. Zivilsenats des BGH zur Treupflicht des GmbH-Gesellschafters und des Aktionärs*, in *ZIP*, 1995, p. 161-167, pp. 164-165.

[137] Cfr. PEDRO DE ALBUQUERQUE, *O artigo 251.º do CSC como proibição genérica de atuação em conflito de interesses*, cit., pp. 57-58.

a defesa de interesses extra-societários próprios ou de interesses de terceiros (nomeadamente de outros stakeholders). Enquanto instrumento de participação na vida social e de protecção do investimento efectuado no capital, o direito de voto dos sócios permite-lhes defenderem os seus interesses societários individuais e manifestarem o seu entendimento quanto ao meio mais apropriado à consecução do fim comum (à prossecução do interesse social abstracto-genérico), contribuindo para a formação da vontade social (para a definição do interesse social concreto-final) em todas as matérias da sua competência»[138].

Segundo o entendimento destes autores, na medida em que o sócio entrou para a sociedade, o direito de voto que lhe assiste e que é concedido *por ter ingressado* na sociedade estaria vinculado à prossecução do interesse da sociedade[139]. Essa seria a conduta "que eticamente se impõe a qualquer sócio", enquanto conduta leal devida pelos sócios em qualquer tipo de sociedade[140].

Temos contudo, e com o devido respeito, sérias dificuldades em acompanhar esta linha de pensamento. Desde logo, aquilo que seja o interesse social não é *estático*[141]. O interesse da sociedade é uma realidade mutável e, entendendo

[138] Cfr. David Oliveira Festas, *Das inibições de voto dos sócios por conflito de interesses com a sociedade nas sociedades anónimas e por quotas*, cit., p. 675. Acrescenta o autor que, «como corolário do dever de *prossecução* do fim social, a participação do sócio na formação da vontade social através do exercício do seu direito de voto deverá ser genericamente *orientada* tendo em vista a consecução desse fim» (p. 677).

[139] Apesar disto, David Oliveira Festas, *Das inibições de voto dos sócios por conflito de interesses com a sociedade nas sociedades anónimas e por quotas*, cit., p. 677, sustenta que a circunstância de o exercício do direito de voto deva ser orientado tendo em vista a consecução do fim social, não estamos perante um "direito-dever": «contrariamente aos poderes sociais conferidos a membros de órgãos sociais de gestão e de fiscalização, o direito de voto é atribuído ao sócio para a prossecução de interesses *próprios* e não para a prossecução de interesses *alheios*. Todavia, os interesses próprios do sócio que justificam a atribuição desse direito – os interesses *societários*- têm uma dimensão individual (os interesses societários *individuais*) e uma dimensão colectiva (o interesse social *comum*) impondo-se uma articulação e composição desses interesses».

[140] Cfr. David Oliveira Festas, *Das inibições de voto dos sócios por conflito de interesses com a sociedade nas sociedades anónimas e por quotas*, cit., p. 677.

[141] E isto independentemente da discussão clássica sobre a densificação do conceito de interesse social, onde tradicionalmente se distingue entre teorias contratualistas e institucionalistas. Sobre a discussão veja-se, entre outros, José Oliveira Ascensão, *Direito comercial*, vol. IV, Lisboa, 2000, pp. 65 ss; Vasco Lobo Xavier, *Anulação de deliberação social e deliberações conexas*, Almedina, Coimbra, 1999, pp. 168 ss e 244 ss; António Menezes Cordeiro, *Da responsabilidade civil dos administradores das sociedades comerciais*, Lex, Lisboa, 1997, pp. 498 ss; Pedro Pais de Vasconcelos, *A participação social nas sociedades comerciais*, Almedina, Coimbra, 2006, pp. 315 ss; Pedro de Albuquerque, *Direito de preferência dos sócios em aumentos de capital nas sociedades anónimas e por quotas*, Almedina,

que se traduz de forma simples no interesse dos sócios em modo coletivo[142], aquele vai sendo densificado à medida que a sociedade desenvolve a sua atividade.

Neste sentido, e como se reconhece, a sociedade nasce para a prossecução de um projeto comum dos sócios, estabelecendo-se, num primeiro momento o fim e o objeto social daquela sociedade. Compete aos acionistas, aquando da celebração do contrato de sociedade, expressar o seu consentimento sobre a criação do ente social, bem como sobre o exercício coletivo de uma atividade comercial através deste e ainda sobre os termos desse mesmo exercício. O projeto empresarial delimitado pelos sócios será, assim, posteriormente desenvolvido e concretizado.

Como escreve José Ferreira Gomes "num primeiro momento, esta tarefa cabe aos próprios acionistas, nos termos do art. 11.º/3. A estes compete «deliberar sobre as atividades compreendidas no objeto contratual que a sociedade efectivamente exercerá», assim concretizando o projeto económico pretendido", num segundo momento "[...]dentro das linhas fixadas no contrato de sociedade e nas deliberações dos acionistas, aprovadas nos termos do art. 11.º/3 (art. 6.º/4), cabe ao conselho de administração concretizar esse mesmo projeto, no uso da sua competência para gerir as atividades da sociedade"[143]. Dentro das linhas fixadas pelos acionistas nos estatutos e nas deliberações tomadas em assembleia geral nos termos do artigo 11.º, n.º 3, bem como aquelas que vão sendo consequentemente tomadas, caberá ao conselho de administração concretizar o interesse social. O interesse juridicamente relevante da sociedade, enquanto *alius*, é o interesse dos sócios, embora modelado pela estrutura jurídica de propriedade em causa. Mas este

Coimbra, 1993, pp. 303 ss; Jorge Coutinho de Abreu, *Do abuso de direito*, Almedina, Coimbra, 1983, pp. 108 ss; José Marques Estaca, *O interesse da sociedade nas deliberações sociais*, Almedina, Coimbra, 2003. Na doutrina alemã, Wolfgang Zöllner, *Die Schranken mitgliedschaftlicher Stimmrechtsmacht bei den privatrechtlichen Personenverbänden*, Beck: München, 1963, pp. 67 ss; Claude Lambert, *Das Gesellschaftsinteresse als Verhaltensmaxime des Verwaltungsrates der Aktiengesellschaft (Abhandlungen zum schweizerischen Recht ASR)*, Stämpfli Verlag, 1992, pp. 26 ss; Kristian Heiser, *Interessenkonflikte in der Aktiengesellschaft und ihre Lösung am Beispiel des Zwangsangebots. Das Spannungsfeld zwischen Unternehmer und Anlegerinteressen – ein Vorschlag zur Harmonisierung von Aktien- und Kapitalmarktrecht*, Hamburg, 1999, pp. 91 ss. e ainda, na doutrina italiana Ariberto Mignoli, "L'Interesse Sociale", in *Rivista delle Società*, Milão, 1958, pp. 725-763; Francesco Galgano, *La Società per Azioni*, Padova, 1984; ID – "Il nuovo diritto societário", in *Trattato di diritto commerciale e di diritto pubblico dell'economia*, diretto da Galgano, XXIX, I, seconda ed., Padova, 2004, pp. 48 ss; Pier Giusto Jaeger, *L'Interesse Socieale*, Milão, 1964, pp. 13 ss; Monica Cossu, *Società aperte e interesse sociale*, Giappichelli Editore, Torino, 2006, pp. 161 ss.

[142] Aderindo, assim, em termos semelhantes às teorias contratualistas de interesse social.

[143] Cfr. José Ferreira Gomes, *Da administração à fiscalização das sociedades*, cit., p. 739.

interesse é aquele que vai resultando da atividade da sociedade, concretizado pelo conselho de administração.

Por conseguinte, se o interesse social não é uma realidade estática e muito menos imutável, o argumento segundo o qual o direito de voto é um direito vinculado à prossecução daquele não prossegue. Trata-se de um argumento circular: os sócios em cada deliberação têm de votar estando vinculados à prossecução do interesse social, mas o interesse social só é conhecido posteriormente às deliberações dos sócios e à sua concretização pelo conselho de administração[144].

Crê-se, porém, que o ponto de partida não pode ser aquele em que se vê o direito de voto como um *direito vinculado* pelas razões acabas de enunciar. Num outro sentido, Nuno Trigo dos Reis, a propósito das obrigações de votar segundo instruções de terceiro, advoga antes que o voto «constitui uma livre expressão da autonomia privada, dirigida à satisfação do interesse do sócio na concreta deliberação social em que participa, salvas as limitações à sua liberdade de actuação jurígena»[145]. Nestes termos, não pode fazer-se depender o exercício de direito de voto da prossecução do interesse social. O direito de voto não se caracteriza, nesta linha, por ser um *direito vinculado* à prossecução daquele interesse, mas sim por se traduzir num ato de autodeterminação do sujeito titular do direito de voto enquanto adquirente de participações numa concreta sociedade.

No exercício do direito de voto, enquanto livre expressão da autonomia privada, o sócio tem apenas de ter em conta as situações de contrariedade

[144] Não que o conselho de administração se encontre vinculado às deliberações tomadas em assembleia geral, à semelhança do que se processa nas sociedades por quotas, nos termos do artigo 259.º CSC. Todavia, encontrando-se vinculados a gerir a sociedade de acordo com o interesse social, este tem de ter em conta aquilo que resulta das deliberações em assembleia geral, isto é, o interesse dos sócios em modo coletivo, servindo aquelas de linhas orientadoras de ação. Ao conselho de administração compete compreender o projeto económico pretendido e concretizá-lo, mas esta compreensão passa pela compreensão do que resulta das deliberações, ao longo do tempo, da assembleia geral.

[145] Cfr. Nuno Trigo dos Reis, "As obrigações de votar segundo instruções de terceiro no Direito das sociedades", cit., p. 413. Neste mesmo sentido parece ir Ana Perestrelo de Oliveira, *Manual de governo das sociedades*, Almedina, Coimbra, 2017, p. 86, segundo a qual o direito de voto «é hoje aceite como verdadeiro e próprio dever, que pode, salvo restrições precisas, ser exercido no sentido mais conveniente para o seus interesses egoístas, sendo, inclusive, o sócio livre para se vincular contratualmente, embora com as restrições constantes dos n.os 2 e 3 do art. 17.º.». Também assim, Jorge Pinto Furtado, *Deliberações de sociedades comerciais*, Almedina, Coimbra, 2005, p. 63. No mesmo sentido, na doutrina alemã, Wolfgang Servatius, *Strukturmaßnahmen als Unternehmensleitung*, Carl Heymanns Verlag KG, Köln, Berlin, München, 2004, p. 207.

aos deveres emergentes da relação obrigacional primária, aos deveres laterais de conduta e a intenção de causação de danos à sociedade e aos restantes sócios[146]. Fora estes casos, o sócio é livre de votar no sentido que bem entenda[147]. Enquanto exercício de autonomia privada, a sua restrição carece de devida argumentação e fundamento. As restrições à autonomia privada, valor fundamental do nosso sistema, são apenas justificadas na medida em que um valor prevalecente a justifique. Ora, no nosso caso, esse valor não é, certamente, encontrado na prossecução do interesse da sociedade. E mesmo que o fosse, apenas seria em determinados casos com a devida justificação – nunca em absoluto como um direito vinculado pressupõe[148].

Também se afasta, assim, a ideia comumente encontrada na doutrina que, por se encontrarem adstritos a deveres de lealdade, os sócios não podem votar tendo em conta apenas os seus próprios interesses, mas antes os interesses da sociedade[149].

[146] Tenha-se aqui em conta o papel dos deveres de lealdade dos sócios que a doutrina maioritária advoga pender sobre os sócios. Sobre estes, por todos, e com abundantes referências, Ana Perestrelo de Oliveira, *Manual de governo das sociedades*, cit., pp. 83 e ss, bem como António Menezes Cordeiro, "A lealdade no direito das sociedades", in *ROA* 66, 2006, pp. 1034-1065. Em sentido contrário, não reconhecendo a imposição de deveres de lealdade (boa fé) aos sócios, Filipe Cassiano dos Santos, *Estrutura associativa e a participaçao capitalística*, cit., pp. 536 e ss.

[147] Cfr. Nuno Trigo dos Reis, "As obrigações de votar segundo instruções de terceiro no Direito das sociedades", cit., p. 414. Como salienta o autor «quem procura sustentar a vigência de limites ao livre exercício da autonomia privada, terá o encargo de argumentar a validade da norma de proibição; a validade desta regra distributiva do ónus de argumentação, por sua vez, não é somente lógica e epistemológica (impossibilidade de uma «falsificação» da regra de restrição da liberdade pela demonstração da validade da proposição com significado contrário), mas logo jurídico-política e cultural-ideológica».

[148] Em modo de conclusão, Nuno Trigo dos Reis, "As obrigações de votar segundo instruções de terceiro no Direito das sociedades", cit., p. 415: esta circunstância só seria demonstrada [referindo-se às obrigações de votar segundo instruções de terceiro, mas que se transpõe para o nosso caso] "a partir de uma concepção de «interesse social» que negasse a existência de um espaço mínimo de auto-realização dos sócios, impondo a prevalência de razões de afirmação da liberdade de terceiros sobre todas as razões do próprio agente: as exigências de coordenação de comportamentos para o exercício jurídico colectivo não exigem tanto. E mesmo então, contra essa tese sempre se poderia alegar o «formalismo» excessivo por detrás da noção de interesse social por ela proposta, que obrigava a considerar como contrários ao interesse da sociedade quaisquer comportamentos que fossem considerados como devidos por outra razão que não fosse a relação obrigacional com a sociedade".

[149] Cfr. David Oliveira Festas, *Das inibições de voto dos sócios por conflito de interesses com a sociedade nas sociedades anónimas e por quotas*, cit., p. 677. Não é este o local indicado para um excurso sobre os deveres de lealdade dos sócios. Contudo, haverá, parece-nos que precisar que a referência que se faz aos deveres de lealdade dos sócios não se reconduz, nem se traduz, à referência que se faz aos deveres de lealdade dos administradores. Os sócios estão adstritos a deveres de lealdade, deveres esses que se caracterizam por corresponderem à imposição de não atuação em conflitos de

4.1.2 As inibições de voto por conflito de interesses

Negada a procedência da tese segundo a qual o direito de voto se consubstancia num *direito vinculado* à prossecução do interesse da sociedade, dever-se-á negar igualmente aquela segundo a qual o fundamento para a inibição do direito de voto dos sócios se encontra na prossecução de um interesse extra-societário do sócio e que, por isso, incompatível com a prossecução do interesse da sociedade[150]. Segundo os autores que propugnam este entendimento, o que legitima o impedimento de voto será o facto de o seu exercício ser feito de molde a preferir o interesse pessoal, do sócio que o exerce, ao interesse social[151].

Todavia, no limite, sempre se dirá que não é possível compreender as motivações internas do sócio que o levam a votar em determinado sentido. Não pode ser este, pelo menos nestes termos, o fundamento por de trás das inibições de voto. Pelo contrário, note-se que nos termos do artigo 384.º, n.º 6, do CSC se estabelece os casos em que os sócios se encontram proibidos de votar por se encontrarem em conflito de interesses. De acordo com aquele primeiro preceito, um acionista não pode votar, nem por si, nem por representante, nem em representação de outrem, quando a lei expressamente o proíba e ainda quando a deliberação incida sobre: (a) a liberação de uma obrigação ou responsabilidade própria do acionista, quer nessa qualidade quer na de membro de órgão de administração ou fiscalização; (b) um litigio sobre pretensão da sociedade contra o acionista ou deste contra aquela, quer antes quer depois

interes com a sociedade, nada tendo que ver com a pressocução dos interesses daquela. Já quando a doutrina se pronuncia a propósito dos deveres de lealdadeda sociedade, fá-lo distinguindo entre a vertente positiva e negativa do dever de lealdade dos administradores: a primeira corresponderia ao dever de prosseguir o interesse da sociedade, a segunda a não atuar em conflito de interesses. Não podendo alongar-nos neste ponto, diríamos somente que mesmo esta distinção não deve ser seguida unicamente pelo seguinte: os deveres de lealdade dos adminsitradores são também eles apenas caracterizados pela imposição de não atuar em conflito de interesses. A dita "vertente positiva" dos deveres de lealdade dos administradores é ela mesma consumida pelo dever de cuidado na gestão da sociedade que deve ser feita *no interesse da sociedade.*

[150] Neste sentido, David Oliveira Festas, *Das inibições de voto dos sócios por conflito de interesses com a sociedade nas sociedades anónimas e por quotas*, cit., p. 679; bem como Pedro de Albuquerque, *O artigo 251.º do CSC como proibição genérica de atuação em conflito de interesses*, cit., p. 58.

[151] Cfr. David Oliveira Festas, *Das inibições de voto dos sócios por conflito de interesses com a sociedade nas sociedades anónimas e por quotas*, cit., p. 679: «Compreende-se, assim, que o conceito de conflito de interesses entre sócio e sociedade que está na base das inibições de voto assente numa incompatibilidade entre interesses extra-societários de sócios e o interesse social que, nesse quadro conflitual específico, deve, *ex bona fides*, ser salvaguardado».

do recurso a tribunal; (c) a destituição, por justa causa, do seu cargo de titular de órgão social; e (d) qualquer relação, estabelecida ou a estabelecer, entre a sociedade e o acionista, estranha ao contrato de sociedade. Ainda que em todas estas situações o sócio tenha um interesse contraposto ao da sociedade, não é apenas a existência deste interesse que justifica a sua inibição.

O fundamento por trás das inibições de voto do artigo 384.º, n.º 6 , do CSC prende-se com a existência de um conflito de interesses relevante entre o sócio e a sociedade, que levaria a que, se o sócio pudesse votar, se pusesse em causa o princípio da correção do processo de formação da vontade social[152]. Não porque o sócio deve votar tendo em conta o interesse da sociedade, mas antes porque a correta formação da vontade é posta em causa no caso em que o sócio possa votar sobre matérias que diretamente lhe dizem respeito. A análise das alíneas do artigo 384.º, n.º 6, do CSC independentemente da questão de saber se o mesmo é ou não taxativo[153], demonstra um elemento comum a todas as situações elencadas: o facto de a matéria sobre a qual se irá deliberar ter que ver diretamente com o sócio que se encontra impedido, isto é, deliberações que são suscetíveis de, de forma isolada – apenas para aquele sócio –, produzir efeitos jurídicos na esfera do sócio, tendo na sua contraparte a sociedade.

Do exposto resulta que o sócio está proibido de votar, porque se encontra em situação de conflito de interesses com a sociedade, nos casos em que a concreta deliberação diga respeito a um assunto consigo diretamente ligado. Quando nos referimos a um assunto "diretamente ligado" com o sócio, o mesmo significa que o assunto daquela concreta deliberação é capaz de produzir, de forma direta ou por interposta pessoa, efeitos jurídicos que se reprecutem unicamente na esfera daquele concreto sócio, enquanto sócio ou terceiro face à sociedade, em detrimento dos demais ou em detrimento do interesse da coletividade dos sócios.

[152] Cfr. Ana Perestrelo de Oliveira, *Manual de governo das sociedades*, cit., pp. 129 e ss, reconduz a proibição de voto aso deveres de lealdade. Não é de discordar desta autora, desde que se entenda, como supra mencionado, que estes deveres são reconduzidos à proibição de atuação em conflito de interesses. Mas sempre se teria de ir mais longe.

[153] Sobre a discussão, Ana Perestrelo de Oliveira, *Manual de governo das sociedades*, cit., p. 130; Pedro de Albuquerque/Diogo Costa Gonçalves, "O impedimento do exercício do direito de voto como proibição genérica de atuação em conflito", cit., pp. 657 e ss. No sentido da não taxatividade e aproximação do disposto no artigo 384.º, n.º 6, do CSC ao artigo 251.º do mesmo diploma, João Calvão da Silva, *Estudos Jurídicos (Pareceres)*, Almedina, Coimbra, 2001, p. 121 e ss; José Marques Estaca, *O interesse da sociedade nas deliberações sociais*, cit., p.132; Pedro Pais Vasconcelos, *A participação social nas sociedades comerciais*, Almedina, Coimbra, 2006, p. 148. No sentido da taxatividade, Raúl Ventura, *Sociedades por quotas*, vol. II, cit., pp. 284 e ss.

As situações de conflitos relevam em termos puramente objetivos, isto é, independentemente da intenção do acionista e da possibilidade ou não de causação de danos à sociedade[154]. Neste sentido, nos casos em que a deliberação não incida sobre um assunto diretamente relacionado com o sócio, não se presume a existência de um conflito de interesses relevante – ainda que o sócio vote para satisfação dos seus interesses egoísticos.

Daqui, nenhuma razão justificativa válida parece existir para a limitação do direito de voto, manifestação de autodeterminação, do sócio nas deliberações que não se prendam diretamente com assuntos consigo relacionados. Nestes casos, não existe uma qualquer proibição do sócio de votar, tendo antes potencial relevância o disposto no artigo 58.º, n.º 1, alínea b), do CSC referente às deliberações abusivas. Ainda que o sócio não esteja impedido de votar, não se poderá descurar das medidas de reação contra um eventual voto abusivo. Lá chegaremos.

Cumpre, esclarecido que fica tanto o fundamento do exercício do direito de voto como a razão justificativa para a sua proibição, responder às questões acima colocadas: pode o oferente, sendo sócio da sociedade visada, votar em assembleia geral destinada a autorizar a prática de atos que à partida se encontram vedados ao conselho de administração? Noutro quadrante, pode o administrador votar numa assembleia para esse mesmo efeito quando seja igualmente sócio da sociedade visada pela OPA?

No que há primeira pergunta diz respeito, não vemos, à luz do anteriormente exposto, uma qualquer razão para se limitar o direito de voto do oferente quando este seja sócio da sociedade visada[155]. Desde logo, não está em causa a relação entre o sócio-oferente e a sociedade, mas antes a relação

[154] Cfr. José Ferreira Gomes, "Conflitos de interesse entre accionistas nos negócios celebrados entre a sociedade anónima e o seu accionista controlador", in *Conflitos de interesses no direito societário e financeiro. Um balanço a partir da crise financeira*, Almedina, Coimbra, 2010, pp. 75-213, p. 143. Note-se que a situação de conflito não tem de ser suscetível a causar danos à sociedade, tal como o demonstra o artigo 384.º, n.º 6, alínea d) do CSC: o que está em causa não são apenas os casos que traduzam uma possibilidade de causação de danos, mas antes, no geral, casos em que o processo de formação da vontade social estaria inquinado.

[155] No mesmo sentido, Orlando Vogler Guiné, *Da conduta (defensiva) da administração "opada"*, cit., pp. 207-208; João Cunha Vaz, *A OPA e o controlo societário*, cit., p. 181. Na doutrina alemã, Roger Kiem, "Der Hauptversammlungsentscheid zur Legitimation von Abwehemassnahmen nach dem neuen Übernahmegesetz",cit., p. 1512; Hartmut Krause/Thorsten Pötzsch, "Andlungen des Vorstands der Zielgesellschaft", cit., p. 1076; Walter Bayer , "Vorsorge und präventive Abwehrmaßnahmen gegen feindliche Übernahmen", in *ZGR*, 2002, 588-622, p. 601. Contra este entendimento, David Oliveira Festas, *Das inibições de voto dos sócios por conflito de interesses com a sociedade nas sociedades anónimas e por quotas*, cit., p. 702.

entre o sócio-oferente e os demais sócios. Esta relação não impede o sócio-oferente de exercer o seu direito de voto. A oferta dirige-se aos sócios da sociedade, não enquanto agregado definidor do que é o interesse social, mas enquanto sujeitos individualmente considerados que se caracterizam por serem potenciais vendedores das suas ações.

Aqui, necessariamente que os interesses egoísticos de cada um serão o critério norteador para determinar o seu interesse ou não na procedência da oferta e, bem, assim, no sentido do seu direito de voto que se destine a autorizar a prática de determinados atos de gestão, nos termos do artigo 182.º, n.º3, alínea b). Para determinar a exclusão do direito de voto naquela concreta deliberação é necessário, como vimos, que o sócio se encontre em conflito de interesses nos termos acima descritos. Independentemente da solução que se propugne acerca da taxatividade ou não taxatividade do disposto no artigo 384.º, n.º 6 do CSC, a resposta não muda. Se entendermos o disposto naquele preceito como taxativo, este caso não se subsume em nenhuma das suas alíneas. Pelo contrário, se entendermos o disposto naquele preceito como enunciativo, não se encontra uma qualquer razão justificativa para a determinação da existência de um conflito de interesses relevante: se a finalidade do impedimento do direito de voto se prende com o evitar que o sócio delibere numa matéria consigo relacionada, em detrimento dos interesse da sociedade, obstando ou podendo obstar ao correto processo de formação da vontade social, no caso em apreço não está em causa a relação entre o sócio e a sociedade. Este é, aliás, um claro caso de que o direito de voto se traduz num exercicio de autodeterminação dos sócios, votando cada um deles, enquanto destinatários da oferta, tendo em conta o seu interesse individula ou, se se quiser, egoístico – pela procedência ou improcedência da autorização a conceder ao conselho de administração capaz de os fazer perder a oportunidade de venda das suas concretas ações.

Ainda que se diga que o oferente pretende que a OPA tenha sucesso, o exercício de direito de voto, a par dos demais, traduzir-se-á na manifestação do seu interesse, enquanto sócio destinatário da oferta, no sucesso ou insucesso da oferta[156]. Mas enquanto oferta dirigida a todos os sócios,

[156] Também assim, ORLANDO VOGLER GUINÉ, *Da conduta (defensiva) da administração "opada"*, cit., p. 208, segundo o qual «tal como se poderá dizer que o oferente está em conflito de interesses [...] igualmente se terá de dizer que boa parte dos restantes accionistas poderão estar em conflito de interesses, seja por poderem pretender alienar na OPA e assim votarem exclusivamente no interesse do oferente (antes que em atenção aos seus "interesses de longo prazo"), seja por pretenderem alienar a um preço superior e assim votarem para impedir o sucesso da oferta ao preço

individualmente considerados, todos eles votarão, em sede de assembleia geral convocada para o efeito, tendo em conta os seus interesses individuais enquanto destinatários – individualmente igualmente – da oferta.

No que diz respeito aos administradores as dúvidas são maiores. À luz do exposto, ainda que a deliberação não incida *diretamente* sobre um assunto relacionado com o administrador, a razão justificativa para o impedimento parece proceder. A razão subjacente ao artigo 182.º, n.º 1, como vimos prende-se com a existência de um potencial conflito de interesses dos administradores com os sócios a quem se dirige a oferta – pelo menos quando a oferta seja hostil. Ora, a deliberação da assembleia em causa visa permitir aos administradores a prática de atos suscetíveis de inviabilizar o sucesso da oferta e, portanto, à prática dos atos que estão à partida vedados aos administradores *por se presumir que aqueles se encontram em situação de conflito de interesses*. Sendo a OPA hostil, os administradores, tendencialmente, terão receito de perder o seu cargo, atuando em sentido coerente com esse receio: a procedência da OPA, determinará, à partida, o destino dos administradores. Neste sentido, admitindo-se a não taxatividade do artigo 384.º, n.º 6, do CSC, a razão justificativa para o impedimento do direito de voto procede nestes casos, ficando, pois, o administrador impedido de votar. Todavia, reconhecemos que tal solução, na prática, pode não ter fundamento. Tendencialmente dir-se-á, ainda que partindo apenas de suposições que os administradores de sociedades visadas por uma OPA tenderão a preocupar-se com a possibilidade de venda das suas ações e não com a manutenção do seu cargo enquanto administradores: as vantagens auferidas pela possibilidade de venda superam, em muito, independentemente da percentagem de participação no capital social de que seja detentor, das vantagens associadas ao *status* de administrador. Ainda assim, uma solução metodologicamente correta impõe o reconhecimento de um potencial conflito de interesses que fundamente a impossibilidade de votar naquela assembleia.

oferecido (antes que em atenção aos seus "interesses de longo prazo")». Veja-se ainda ANDREAS CAHN/ MICHAEL SENGER , "Das Gesetz zur Regelung von öffentlichen Angeboten zum Erwerb von Wertpapieren und Unternehmensübernahmen", cit., p. 281.

4.2 As deliberações abusivas nos termos do artigo 58.º, n.º 1, alínea b), do CSC, como mecanismo de controlo do exercício do direito de voto do oferente-sócio da sociedade visada

Questão distinta de saber se o oferente ou o administrador podem votar na deliberação que se destine a autorizar – ou vincular – os membros do conselho e administração a praticar um ato a que estariam impedidos, prende-se com a validade da deliberação, entrando aqui, após o reconhecimento daquela possibilidade (pelo menos no que toca ao oferente), a intervenção do artigo 58.º, n.º 1, alínea b) do CSC. Admitindo-se que o oferente pode votar naquelas assembleias, não se exclui a possibilidade de a deliberação ser considerada abusiva. Há, portanto, que articular as duas matérias.

Nos termos do artigo 58.º, n.º 1, alínea b), do CSC, são anuláveis as deliberações que «sejam apropriadas para satisfazer o propósito de um dos sócios de conseguir, através do exercício do direito de voto, vantagens especiais para si ou para terceiros, em prejuízo da sociedade ou de outros sócios ou simplesmente de prejudicar aquela ou estes, a menos que se prove que as deliberações teriam sido tomadas mesmo sem os votos abusivos»[157]. A origem deste preceito tem clara inspiração no §243 (2) AktG, segundo o qual «a impugnação pode também basear-se no facto de um acionista, ao exercer o direito de voto, ter procurado obter vantagens especiais para si ou para terceiro em detrimento da sociedade ou dos demais acionistas e de a deliberação ser adequada para esse fim»[158].

[157] Veja-se em geral JORGE PINTO FURTADO, *Deliberações de sociedades comerciais*, cit., pp. 656 e ss.

[158] Que por sua vez remonta ao §197 da AktG de 1937. No sentido de que o preceito visa essencialmente o controlo do poder da maioria, cfr. SCHÄFER, in *Münchener Kommentar zum Aktiengesetz*, 5. Auflage 2021, §243, n. m. 6 e 8. Sustenta o autor que se trata do controlo de atos imorais e dolosos que visam a obtenção de vantagens pessoais em detrimento dos demais sócios (n. m. 69-70) – também assim, DRESCHER, in *Grosskommentar zum Aktiengesetz*, (hrsg. Henssler/Spindler/Stilz), 2022, §243, n. m. 216. Todavia, reconhece que o §243 (2) AktG não tem grande relevância e autonomia face ao disposto no (1) do mesmo parágrafo (n. m. 73) – também neste sentido KOCH, in *Aktiengesetz*, 16. Auflage 2022, §243, n. m. 31; e ENGLISCH, in *Aktiengesetz*, (hersg. Hölters/Weber), 4. Auflage 2022, §243, n. m. 52. Independentemente disso, o §243 (2) AktG, pressupõe que o acionista tenha exercido efetivamente o seu direito de voto, não sendo necessário que a obtenção das vantagens especiais tenham resultado do facto de ele ser acionista maioritário (SCHÄFER, n. m. 74). EHMANN, in *Aktiengesetz*, (hrsg. Grigoleit), 2. Auflage 2020, §243.º, n. m. 17, reconduz este caso à proibição de tratamento desigual entre acionistas e à violação do princípio da boa-fé.

Por contraposição ao que foi analisado no ponto anterior, trata-se aqui de um mecanismo de reação e não de prevenção aos abusos da maioria[159]. Vimos anteriormente que o direito de voto não é um direito vinculado à prossecução do interesse social. Todavia, o seu exercício não é inteiramente livre e despido de consequências: é necessário desde logo assegurar o cumprimento do princípio de igualdade entre sócios. Neste sentido, o artigo 58.º, n.º 1, alínea b), do CSC, enquanto mecanismo de reação, dirige-se aos votos abusivos, isto é, (i) aos votos dirigidos à satisfação de interesses do sócio ou de terceiro em detrimento da sociedade e dos outros sócios e (ii) aos votos emulativos[160].

Uma vantagem especial, nos termos deste artigo, significa não mais do que uma vantagem que assiste apenas um dos sócios ou terceiro, por contraposição a vantagens que assistem a todos os sócios da sociedade[161]. Assim, atribui-se um beneficio especial apenas a um dos sócios, violando-se o princípio de tratamento igualitário entre os sócios[162]. Note-se que para falar de vantagem especial nos termos deste preceito é necessário que a atribuição dessa vantagem não seja permitida por lei ou pelos estatutos da sociedade[163]. Para efeitos

[159] Cfr. José Ferreira Gomes, "Conflitos de interesse entre accionistas nos negócios celebrados entre a sociedade anónima e o seu accionista controlador", cit., p. 144. Segundo Jorge Coutinho de Abreu, *Do abuso de direito*, cit., p. 136 «em regra, uma deliberação social é abusiva quando, sem violar especificas disposições da lei ou dos estatutos da sociedade, é susceptível de causar ao(s) sócio(s) minoritário(s) um dano – a que corresponde, ou uma não desvantagem, ou uma vantagem para o(s) sócio(s) maioritário(s) –, assim se contrariando o interesse social».

[160] Veja-se, António Menezes Cordeiro, *SA: assembleia geral e deliberações sociais*, Almedina, Coimbra, 2007, pp. 209-210. A discussão sobe se a norma se dirige aos votos ou à própria deliberação é longa – veja-se sobre esta Jorge Pinto Furtado, *Deliberações de sociedades comerciais*, cit., pp. 681 e ss.

[161] Cfr. José Ferreira Gomes, "Conflitos de interesse entre accionistas nos negócios celebrados entre a sociedade anónima e o seu accionista controlador", cit., p. 144. Veja-se ainda Schäfer, in *Münchener Kommentar zum Aktiengesetz*, cit. §243, n. m. 75, segundo o qual uma vantagem especial traduz uma qualquer vantagem, independentemente da forma como foi obtida (n. m. 77, bem como Koch, n. m. 33), se, numa apreciação global das circunstâncias do caso, se afigurar como uma preferência indevida e incompatível com os interesses da sociedade ou dos seus acionistas para permitir ao acionista ou terceiro. Esclarece que esta vantagem não tem de ser necessariamente pecuniária, podendo estar em causa apenas a melhoria da sua posição na sociedade (n. m. 76 – também assim, Koch, in *Aktiengesetz*, cit., §243, n. m. 35; Englisch, in *Aktiengesetz*, cit., §243, n. m. 56.

[162] Cfr. Schäfer, in *Münchener Kommentar zum Aktiengesetz*,, cit. §243, n. m. 78, segundo o qual a obtenção de uma vantagem especial em prejuízo dos demais sócios é geralmente determinada através do recurso ao "*Vergleichsmarktkonzept*". Nestes termos, a vantagem obtida pelo acionista não aproveita de igual forma os demais acionistas que se encontram em situação comparável – pense-se, nomeadamente, no caso de atribuição oculta de bens ao sócio. Também assim Koch, in *Aktiengesetz*, cit., §243, n. m. 35; e Englisch, in *Aktiengesetz*, cit., §243, n. m. 60.

[163] Cfr. Schäfer, in *Münchener Kommentar zum Aktiengesetz*,, cit. §243, n. m. 79.

de anulação da deliberação com fundamento no artigo 58.º, n.º 1, alínea b), do CSC, não basta que tenha sido atribuída uma vantagem especial a um sócio. É necessário que o acionista tenha tido a intenção de obter essa vantagem em detrimento do interesse da sociedade e dos demais sócios – exige-se, assim, que a conduta (o exercício do direito de voto) seja dolosa[164] – ainda que não tenha tido a intenção de causar um dano àqueles sujeitos: aquilo que se exige é a intenção de obtenção de uma vantagem especial[165]. Esta intenção deve ser inferida da conduta exterior do sócio, «sob pena de impossibilidade de aplicação desta norma»[166].

Apesar da falta de intenção de provocação de um dano, exige-se que tenha, de facto, ocorrido um dano para aqueles sujeitos, existindo um nexo de causalidade entre o dano e a atribuição da vantagem[167]. Por outro lado, não se trata apenas de votar tendo em conta os seus interesses egoísticos: o sócio que vote no sentido de prossecução da satisfação dos seus interesses não está a votar abusivamente, como anteriormente vimos. O que é necessário é que a deliberação seja objetivamente adequada à obtenção daquelas vantagens e o sócio a aproveite, intencionalmente, para as obter em detrimento da sociedade ou dos demais sócios[168].

Neste sentido, tem sido apontados vários exemplos[169]: pense-se, por exemplo, no caso em que se delibera a não distribuição de lucros, tomadas com os

[164] Cfr. Schäfer, in *Münchener Kommentar zum Aktiengesetz*,, cit. §243, n. m. 85; Koch, in *Aktiengesetz*, cit., §243, n. m. 33; Englisch, in *Aktiengesetz*, cit., §243, n. m. 61.

[165] Cfr. Schäfer, in *Münchener Kommentar zum Aktiengesetz*,, cit. §243, n. m. 86; Englisch, in *Aktiengesetz*, cit., §243, n. m. 59, segundo o qual deve existir um nexo de causalidade entre o dano e a concessão de vantagem.

[166] Cfr. José Ferreira Gomes, "Conflitos de interesse entre accionistas nos negócios celebrados entre a sociedade anónima e o seu accionista controlador", cit., p. 145. Também assim António Menezes Cordeiro, *SA: assembleia geral e deliberações sociais*, cit.. 209-210.

[167] Cfr. Schäfer, in *Münchener Kommentar zum Aktiengesetz*,, cit. §243, n. m. 83.

[168] Cfr. Schäfer, in *Münchener Kommentar zum Aktiengesetz*,, cit. §243, n. m. 84.

[169] Vários exemplos têm sido avançados como casos de obtenção de vantagens especais em detrimento da sociedade e/ou dos demais sócios – cfr. Schäfer, in *Münchener Kommentar zum Aktiengesetz*, cit. §243, n. m. 82, bem como Koch, in *Aktiengesetz*, cit., §243, n. m. 36, Englisch, in *Aktiengesetz*, cit., §243, n. m. 57 e Ehmann, in *Aktiengesetz*, cit., §243, n. m. 21: entre eles destacam-se (1) a celebração de um contrato de arrendamento empresarial com o acionista maioritário na qual se desconsidera uma proposta melhor de um acionista minoritário; (2) a atribuição de uma remuneração excessivamente alta ao sócio maioritário que seja igualmente administrador, quando se tenha deliberado pela não distribuição de lucros; (3) a fusão com uma sociedade em dificuldades e cujo seu principal credor é o acionista maioritário. Destacando a necessidade de articulação entre o disposto no §243 (2) AktG com disposições especiais, Drescher, in *Grosskommentar zum Aktiengesetz*, cit., §243, n. m. 217-227 e Ehmann, in *Aktiengesetz*, cit., §243, n. m. 22, nomeadamente com a matéria

votos dos sócios maioritários, também administradores, com respeito pelas normas legais referentes à possibilidade de não distribuição, mas em termos que visam obter uma vantagem para aqueles sócios em prejuízo dos minoritários porquanto os lucros ficam retidos na sociedade e, paralelamente, se atribui aos sócios administradores uma remuneração muito alta[170].

Apenas preenchidos estes requisitos a deliberação será anulável nos termos do artigo 58.º, n.º 1, alínea b), do CSC. Assim, não se encontrando o oferente impedido de votar em assembleia geral destinada à aprovação da prática de atos vedados ao conselho de administração, nos termos do artigo 182.º, n.º 3, alínea b), o seu voto será abusivo nos termos acima expostos. Note-se, contudo, que isto apenas terá relevância quando o oferente seja sócio maioritário da sociedade visada: apenas nestes casos pode o sócio aproveitar a deliberação para obter uma vantagem especial em detrimento dos demais sócios, agindo dolosamente. Todavia, o simples facto de ser sócio maioritário não justifica a anulabilidade da deliberação: o regime está pensado para a contenção do *abuso da maioria*, e não para toda e qualquer deliberação onde vote um sócio maioritário – sob pena de todas as deliberações onde vota o sócio maioritário serem suscetíveis de serem anuladas com fundamento neste preceito. Este pode votar mediante os seus interesses, desconsiderando os demais, mas não agindo com dolo. O sócio oferente que vote em assembleia geral, nos termos do artigo 182.º, n.º3, alínea b), pode fazê-lo sem a intenção de causação de danos aos demais sócios, visando apenas autorizar ou não a prática de determinados atos que contendam com os seus interesses pessoais.

4.3 A vinculação dos administradores às medidas deliberadas em assembleia geral, nos termos do artigo 182.º, n.º 3, alínea b)

Uma última questão se coloca no que toca à deliberação *autorizativa* da assembleia geral. Quando a assembleia geral delibere sobre a prática de um ato – ou atos – de gestão pelo conselho de administração na pendência da OPA,

relacionada com os acordos de dominação e transferência de lucros e perdas (n. m. 218); acordos societários que permitam a atribuição de vantagens especiais (n. m. 219-221); o caso dos grupos de facto (n. m. 222-224); a exclusão de acionistas minoritários (n. m. 225); e às fusões (n. m. 226).

[170] Cfr. Ana Perestrelo de Oliveira, *Manual de governo das sociedades*, cit., p. 136; Jorge Coutinho de Abreu, "Diálogos com a jurisprudência I – Deliberações dos sócios abusivas e contrárias aos bons costumes", in *DSR*, ano 1, vol. 1, pp. 33-47.

nos termos do artigo 182.º, n.º 3, alínea b), questiona-se se o conselho de administração fica *vinculado* a praticar aquele(s) ato(s).

A propósito desta questão ORLANDO VOGLER GUINÉ pronunciou-se em sentido negativo. Segundo o autor «[...]tratando-se de um assunto da competência decisória da Administração, a deliberação da Assembleia Geral não servirá obviamente a mesma função da deliberação da Administração, assume-se antes como uma autorização. Donde que nem a Assembleia Geral pode propor a prática do acto nem uma deliberação favorável da Assembleia (proposta à Assembleia Geral enquanto mera autorização) poderá impor a prática do acto à Administração; assim o exige o respeito pelo princípio da separação de poderes decorrente da lógica das sociedades anónima»[171]. Estaríamos, portanto, perante uma competência partilhada, entre o proponente da medida e o titular desse poder[172].

A discussão que agora se tem não é recente e muito menos se circunscreve ao artigo 182.º, n.º 3, alínea b). O problema, quando tratado em geral, prende-se com saber se pode a assembleia geral, em determinados casos, deliberar sobre matérias de gestão e, se sim, se essa deliberação vincula o conselho de administração. Assim, num cenário onde não existisse o artigo 182.º, n.º 3, alínea b), as questões tratar-se-iam mediante a análise e articulação do disposto no artigo 373.º, n.º 3 e 405.º, n.º 1, do CSC[173]. Note-se, neste quadro geral,

[171] Cfr. ORLANDO VOGLER GUINÉ, *Da conduta (defensiva) da administração "opada"*, cit., p. 210. O autor dá ainda um exemplo: «um caso muito conhecido sucedeu durante a OPA sobre o BPI, um dos maiores accionistas do oferente BCP na pendência da OPA, em que a Administração do primeiro submeteu à Assembleia Geral a alienação das acções que o banco detinha directamente no segundo e indirectamente através da BPI Vida Companhia de Seguros de Vida, S.A.. A proposta foi aprovada nos termos do art. 182.º/3-b) do CVM, mas isso não constituiu a Administração na obrigação da prática do acto. E, aliás, nem o acto terá sido praticado na pendência da OPA». Também assim ANTÓNIO SOARES/RITA OLIVEIRA PINTO, "Os deveres do órgão de administração da sociedade visada na pendência de uma oferta pública de aquisição", cit., p. 870. No mesmo sentido de não vinculação, HARTMUT KRAUSE/THORSTEN PÖTZSCH, "Andlungen des Vorstands der Zielgesellschaft", cit., p. 1078.

[172] Cfr. ORLANDO VOGLER GUINÉ, *Da conduta (defensiva) da administração "opada"*, cit., p. 211.

[173] Trata-se de um problema que é discutido em geral nas sociedades anónimas acerca da distribuição de competências entre a assembleia geral e o conselho de administração. O disposto no artigo 373.º, n.º 3 e no disposto no artigo 405.º, n.º 1, do CSC, suscita várias questões, nomeadamente, (i) a questão de saber se a assembleia geral pode deliberar – reservando ou não estatutariamente essa competência para si – sobre determinadas matérias de gestão sem que haja necessidade, para tal, de solicitação nesse sentido por parte do conselho de administração, e (ii) caso a resposta à pergunta anterior seja afirmativa, se o conselho de administração fica a essa deliberação vinculado. Ainda que a articulação entre estes dois preceitos não seja convocada para o problema com que nos confrontamos agora – na medida em que a competência da assembleia geral para deliberar sobre determinadas matérias de gestão (nomeadamente aquelas que se encontram no artigo 182.º,

n.º 1) decorre expressamente do artigo 182.º, n.º 3, alínea b) –, cumpre, não obstante, fazer-se uma referência, embora sucinta, quanto a estes problemas em geral. No que diz respeito à primeira questão – a de saber se podem os sócios reservar estatutariamente a competência da assembleia geral para decidir sobre determinadas matérias de gestão –, o ponto de partida será o artigo 373.º, n.º 3, do CSC, nos termos do qual sobre matérias de gestão da sociedade os acionistas *só podem deliberar a pedido* do órgão de administração. Todavia, nos termos do artigo 405.º, n.º 1, do CSC compete ao conselho de administração gerir as atividade da sociedade, *devendo subordinar-se às deliberações dos acionistas* ou às intervenções do conselho fiscal ou da comissão de auditoria apenas nos casos em que a lei ou o *contrato de sociedade o determinem*. A articulação destes dois preceitos não é clara, suscitando uma primeira dúvida que se prende com saber se os sócios podem estabelecer nos estatutos que para determinadas matérias de gestão a assembleia geral tem competência para sobre elas deliberar. O problema prende-se, assim, com a dispositividade ou com a injuntividade do artigo 373.º, n.º 3, do CSC. Segundo a larga maioria dos autores que se debruçaram sobre esta matéria, nos termos do artigo 373.º, n.º 3, do CSC, o que estará em causa é um modelo de atribuição de competência exclusiva ao órgão de administração para gerir a sociedade – neste sentido, Luís Brito Correia, *Direito Comercial*, II, *Sociedades Comerciais*, AAFDL, 1989, pp. 65-66; Ilídio Duarte Rodrigues, *A administração das sociedades por quotas e anónimas. Organização e estatuto dos administradores*, Lisboa, Petrony, 1990, pp. 81-83; Maria Augusta França, *A estrutura das sociedades anónimas em relação de grupo*, Lisboa, AAFDL, 1990, pp. 33-36 e 150-151; Alexandre de Soveral Martins, *Os poderes de representação dos administradores de sociedades anónimas*, Coimbra, Coimbra Editora, 1998, pp. 193-202 (posteriormente, "A responsabilidade dos membros do conselho de administração por actos ou omissões dos administradores delegados ou dos membros da comissão executiva", BFDUC, 2002, p. 367 e ainda em *Anotação ao artigo 405.º*, in *Código das Sociedades Comerciais em comentário*, Volume VI, coord. Jorge Coutinho de Abreu, Almedina, Coimbra, 2019, pp. 426-427); João Espírito Santo, *Sociedades por quotas e anónimas. Vinculação: objeto social e representação plural*, Coimbra, Almedina, 2000, pp. 410-416; João Calvão da Silva, "Conflito de interesses e abuso do direito nas sociedades", in *Estudos jurídicos (pareceres)*, Almedina, Coimbra, 2001, pp. 109-112 e "Acordo parassocial respeitante à conduta da administração e à divisão de poderes entre órgãos sociais", in *Estudos jurídicos (pareceres)*, Coimbra, Almedina, 2001, pp. 237-239 (posteriormente, "Corporate governance: responsabilidade civil de administradores não executivos, da comissão de auditoria e do conselho geral e de supervisão", in *RLJ*, ano 136, 2006, p. 34); António Pereira de Almeida, "Estrutura organizatória das sociedades", in *Problemas de direito das sociedades*, Coimbra, Almedina, 2003, pp. 107 e 111; Carlos Osório de Castro/ Gonçalo Andrade e Castro, "A distribuição de lucros a trabalhadores de uma sociedade anónima, por deliberação da assembleia geral", *O Direito*, 2005, p. 74; José Engrácia Antunes, *Os direitos dos sócios da sociedade-mãe na formação e direcção dos grupos societários*, Porto, UCP, 1994, pp. 127-18; Pedro Maia, *Função e funcionamento do conselho de administração da sociedade anónima*, cit., pp. 137-157 (posteriormente, "Deliberações dos sócios e respectiva documentação: algumas reflexões", in *Nos 20 anos do Código das Sociedades Comerciais. Homenagem aos Professores Doutores A. Ferrer Correia, Orlando de Carvalho e Vasco Lobo Xavier*, I, Coimbra, Coimbra Editora, 9.ª ed., 2007, p. 249) e ainda, *Voto e Corporate Governance*, cit., pp. 15- 20. Segundo esta linha de pensamento, não poderiam os sócios, através da assembleia geral de sócios, deliberar sobre matérias de gestão da sociedade, a não ser que tal lhes fosse pedido pelo órgão de administração. O legislador terá reservado um espaço de poder próprio e irrestringível para o órgão de administração – cfr. Pedro Maia, *Função e funcionamento do conselho de administração da sociedade anónima*, cit., p.137; também assim parece ir José Ferreira Gomes, *Da Administração à Fiscalização das Sociedades*, cit., pp. 494 e ss, segundo o qual, a propósito do Direito alemão – nomeadamente os §§ 70 e 130 da AktG de 1937 «[...] entre as grandes alterações promovidas face ao regime anterior, destacamos aqui o reforço do poder e das responsabilidades do *Vorstand*, de acordo com o *Führerprinzip*. De acordo com este novo principio, o *Vorstand* passou a ter uma maior autonomia, deixando de estar sujeito às instruções da assembleia geral e assumindo total responsabilidade pela sua atuação. Lia-se no § 70 (1) AktG 1937 que o *Vorstand* devia dirigir a sociedade sob sua responsabilidade, segundo as exigências do bem da sociedade e dos seus trabalhadores e do bem comum do povo e do império. Foi assim consagrada a regra de que a assembleia geral não podia intervir em matérias de gestão, salvo a pedido do *Vorstand* (§ 103 (2) AktG 1937)». Nesta medida, a influência que os sócios poderiam exercer sobre a gestão sociedade seria apenas indireta, esgotando-se esta no direito de eleger e destituir os membros da administração – ao invés do que sucede na generalidade dos tipos societários, em que aos sócios é atribuído o direito, geral ou especial, de administrar a sociedade. Assim, as sociedade em nome coletivo, à qualidade se sócio corresponde, salvo estipulação em contrário, a qualidade de gerente (artigo 191.º, n.º1) [cfr., por exemplo, António Menezes Cordeiro, *Manual de Direito das Sociedades*, II, cit., p. 180]. Nas sociedades por quotas, não vale esta presunção, mas o contrato pode dispor que todos os sócios são gerentes (artigo 252.º, n.º 3). Esta associação entre a qualidade de sócio e a de gerente tem, no entanto, aqui, um âmbito mais restrito do que aquela apresentada para as sociedades em nome coletivo, uma vez que a cláusula que estipule que todos os sócios sejam gerentes só se aplicará, em princípio, aos sócios fundadores. Os argumentos invocados pelos autores que propugnam pela injuntividade do artigo 373.º, n.º 3, do CSC são de diversas ordens: por um lado, invocam o regime alemão porquanto o n.º 3 do artigo 373.º do CSC corresponde a uma transcrição exata do § 119 (2) AktG. Na doutrina maioritária alemã é aceite a imperatividade do § 119 (2) AktG e, por isso, sendo o artigo 373.º, n.º 3, do CSC uma sua exata cópia, também este seria imperativo (na doutrina alemã, a propósito da imperatividade do §119 (2) AktG, veja-se, entre outros, Kubis, in *Münchener Kommentar zum Aktiengesetz*, 5. Auflage, 2022, §119, n. m. 18; Koch, in *Aktiengesetz*, 16. Auflage, 2022, §119, n. m. 11; Grigoleit/Herrler, in *Aktiengestz*, 2. Auflage, 2020, §119 n. m. 13). O regime alemão, por sua vez, teria sido inspirado no princípio originariamente consagrado no direito societário norte-americano que impunha a exclusividade do órgão administrativo na gestão da sociedade dando-se, portanto, uma centralização destes poderes neste órgão. Por outro lado, invocam ainda estes autores o disposto no anteprojeto relativo à assembleia geral das sociedades anónimas onde se previa que os acionistas podiam deliberar sobre matérias de gestão, não só quando chamados a pronunciar-se pelo conselho de administração, mas também quando os estatutos lhes reservassem esse poder (segundo o artigo 2.º, n.º 2 do anteprojeto relativo à assembleia geral, esta "só pode deliberar sobre questões de gestão social quando os estatutos lhe reservem esse poder, ou quando a administração ou direcção o exigir") – Adriano Vaz Serra, *Assembleia geral*, in *BMJ* n.º 197 (1970), p. 41. A ausência desta referência na versão final do artigo 373.º, n.º 3, do CSC levaria a que o mesmo fosse interpretado no sentido de que foi clara intenção do legislador a subtração deste poder à assembleia geral. No que diz respeito à articulação entre o disposto no artigo 373.º, n.º 3 e 405.º, n.º 1, ambos do CSC, far-se-ia na medida em que a estatuição do artigo 405.º, n.º 1, não exceciona nem restringe o preceituado no artigo 373.º, n.º 3. O conselho de administração, apesar de poder encontrar-se estatutariamente vinculado à deliberação adotada em assembleia geral dos sócios (405.º, n.º 1, do CSC), permanece o único depositário da *iniciativa* dessa deliberação, iniciativa que nunca pertencerá à própria assembleia (373.º, n.º 3, do CSC) – veja-se, com inúmeras referências bibliográficas,

Pedro Maia, *Função e funcionamento do conselho de administração da sociedade anónima*, cit., pp. 141 e ss. Desta forma, permanece intocada a repartição de competências entre a assembleia geral de sócios e o conselho de administração, pois cabe a este órgão – e apenas a este – a decisão de chamar os acionistas a pronunciarem-se sobre assuntos de gestão. Acrescente-se ainda, como o faz, Alexandre de Soveral Martins, *Anotação ao artigo 405.º*, cit., pp. 427-428, que, para estes autores, em regra, as normas legais que procedem a essa repartição devem ser vistas como imperativas pois com elas são tutelados interesses de terceiros e de sócios futuros («Como as sociedades anónimas são sociedades de responsabilidade limitada, a *identificação do leque de competências de cada órgão é fundamental para se apurarem responsabilidades* perante terceiros. se soubermos *onde reside a competência apara fazer o quê*, será mais fácil identificar os responsáveis por danos causados a terceiros. além disso, a repartição de competências acautela também *interesses de sócios futuros*. Estes saberão assim que, ao entrarem para a sociedade, *podem contar com uma certa repartição de competências* e, por isso, calculam mais facilmente a extensão do poder que vão adquirir (ou não) quando se tornarem acionistas»). Nesta ótica, «[...] a lei apenas permite que *o contrato de sociedade subordine a atividade de gestão às deliberações dos acionistas* quando a mesma lei *permite que os acionistas deliberem sobre matérias de gestão*». Uma segunda tese, perfilhada por uma minoria de autores, propugna pela dispositividade do artigo 373.º, n.º 1 do CSC, podendo, se assim o quiserem, os acionistas reservar para a sua esfera de competência, matérias que digam respeito à gestão da sociedade – neste sentido, António Menezes Cordeiro, *SA: assembleia geral e deliberações sociais*, cit., p. 134; Albino Matos, *Constituição de sociedades*, Almedina, Coimbra, 2001, pp. 241-242; Filipe Cassiano dos Santos, *Estrutura associativa e participação societária capitalística*, cit., pp. 304-310; (aparentemente) Agostinho Cardoso Guedes, "A limitação dos poderes dos administradores das sociedades anónimas operada pelo objeto social no novo Código das Sociedades Comerciais", in *RDE*, 1987, pp. 146 e 152; Eduardo Sáragga Leal, "O poder de gestão dos acionistas nas sociedades anónimas", cit., pp. 247-291; Ana Perestrelo de Oliveira, *Manual de Governo das Sociedades*, cit., pp. 106-110; e mais recentemente, Madalena Perestrelo de Oliveira, *Tutela do investidor perante o emitente no mercado de capitais: um modelo dinâmico de proteção*, Almedina, Coimbra, 2021, pp. 575 e ss. Segundo esta tese, no que diz respeito à articulação entre o artigo 373.º, n.º 3 e o artigo 405.º, n.º 1, deve entender-se que o n.º 3 do artigo 373.º do CSC estaria subordinado ao n.º 2 do mesmo artigo, vindo o n.º 1 do 405.º do CSC confirmar essa interpretação. Desta forma, a reserva da decisão de certas matérias de gestão feita em cláusula estatutária poderia ter uma amplitude variável (cfr. Albino Matos, *Constituição de sociedades*, cit., pp. 241-242) ou estaria apenas limitada a determinados atos ou conjunto deles que os acionistas assumissem como especialmente relevantes no seio da empresa social. Consequentemente, o artigo 405.º, n.º 1, do CSC, não obstante o estatuído no n.º 3, do 373.º do CSC, permite aos sócios, no contrato de sociedade, transferir total ou parcialmente a gestão da sociedade para a assembleia, valendo aquele n.º 3 apenas na parte e na medida em que os sócios não utilizem tal faculdade. Por fim, uma terceira tese tem sido defendida por Jorge Coutinho de Abreu, à qual apenas se faz uma breve referência. Segundo o autor, na medida em que o argumento que se apresenta como mais relevante para os defensores da primeira tese seria o da invocação da fonte alemã: o n.º 3 do artigo 373.º do CSC constitui uma exata cópia do § 119 (2) AktG, daí decorreria que o artigo 373.º, n.º 3, do CSC seria injuntivo, mas única e exclusivamente quanto às sociedades anónimas de sistema organizativo do tipo germânico – cfr. Jorge Coutinho de Abreu, *Governação das sociedades comerciais*, Almedina, Coimbra, 2010, p. 53 e ss. Isto porque, se o § 119(2) AktG pertence a um sistema que só prevê um sistema organizatório dualista, a mesma norma, quando copiada para o direito societário português, só poderá ter que estamos perante duas questões distintas: uma primeira que se prende com saber se a assembleia geral – na ausência de previsão legal expressa, à semelhança do artigo 182.º, n.º 3, alínea b) – pode deliberar sobre matérias de gestão (nomeadamente, porque os sócios reservaram essa competência à assembleia geral por via dos estatutos); e uma segunda que se prende com saber, caso a resposta à pergunta anterior seja afirmativa, se o conselho de administração fica a essa deliberação vinculado, *i.e.* se a deliberação tem força vinculativa ou meramente consultiva.

No caso de que nos ocupamos, não se coloca qualquer problema no plano de atribuição de competência à assembleia geral para deliberar sobre determinadas matérias de gestão (no caso, aqueles proibidos nos termos do artigo 182.º, n.º 1), visto esta competência ser atribuída por lei, nomeadamente, pelo artigo 182.º, n.º 3, alínea b). Todavia, mantém-se a questão de saber se, deliberando a assembleia geral pela prática de atos de gestão à partida proibidos pelo artigo 182.º, n.º 1, fica o conselho de administração da sociedade visada pela OPA *vinculado* àquela deliberação, isto é, a praticar o(s) ato(s) de gestão deliberados naquela concreta assembleia geral.

O ponto de partida deve ser, antes de mais, o do reconhecimento de que a deliberação da assembleia geral pode, por um lado, ser meramente *autorizativa* à prática daquele(s) ato(s) ou, por outro lado, *pretender vincular* o conselho de administração: tudo depende de como é apresentada a deliberação pelos sócios. Não estamos perante uma e apenas uma hipótese, mas antes há que reconhecer que a assembleia geral, quando delibere nos termos do artigo 182.º, n.º 3, alínea b), pode ter pretensões distintas: ou apenas autorizar a pratica de determinado(s) ato(s) pelo conselho de administração, cabendo a este a decisão sobre se os pratica ou não; ou, por outro lado, deliberar *pretendendo vincular* o conselho de administração ao que da deliberação da assembleia resultar.

aplicação nos sistemas com a mesmo sistema organizativo. Dado que o direito societário português também comporta um sistema organizativo monista (como o modelo latino ou anglo-saxónico), interpretar o artigo 373.º, n.º 3, do CSC como sendo injuntivo em todos os casos, seria fazer um desvio ao preponderante argumento histórico apresentado pela primeira tese. Se o artigo 373.º, n.º 3, do CSC é uma cópia fiel do § 119 (2) AktG, então, para os casos de sociedades com sistema organizativo dualista interpretar-se-ia o artigo 373.º, n.º 3, do CSC como tendo carácter injuntivo – tal como a doutrina alemã faz –, e para os restantes tipos organizatórios, nomeadamente o monista, já não teria o artigo 373.º, n.º 3, do CSC carácter injuntivo. Questão distinta seria ainda a de saber se existem situações, não havendo cláusula estatutária nem decorrendo a competência da lei, em que ainda assim o conselho de administração *não pode* decidir sem a prévia deliberação da assembleia geral. A resposta a esta última não pode ser dada no âmbito deste estudo, uma vez que o problema não é simples e extravasa aquilo que aqui se pretende.

Nos termos do artigo 182.º, n.º 3, alínea b), apenas decorre que a assembleia geral pode *autorizar* o conselho de administração à prática de uma ou várias medidas deliberadas pelos sócios. Reconhecendo que à luz do preceito a deliberação é, à partida, meramente *autorizativa*, cumpre questionar se aquela segunda pretensão – de pretender *vincular* o conselho de administração – é ou não admissível. É quanto a esta última pretensão que o problema agora em análise se coloca, e não quanto à mera deliberação *autorizativa*.

Atendendo que se pretende aferir se pode a assembleia geral deliberar sobre a prática de determinado(s) ato(s) pretendendo *vincular* o conselho de administração àquela(s) mesma(s) medida(s), cumpre indagar, primeiramente, o que justifica que, nos termos gerais, não fique o conselho de administração vinculado às deliberações da assembleia geral.

O problema coloca-se, em tudo, em termos semelhantes, aos casos em que se fixa a competência da assembleia geral para deliberar sobre determinados atos de gestão nos estatutos[174]. Admitindo esta possibilidade, também aqui se questiona se, deliberando a assembleia geral sobre matérias de gestão – permitindo-se, assim, que sobre aquelas delibere sem necessidade de solicitação nesse sentido do conselho de administração –, o conselho de administração fica a essa deliberação vinculado (também nestas, em termos gerais, pode a assembleia geral ter apenas a pretensão de *autorizar* a prática dos atos deliberados ou, por outro lado, a pretensão de vincular o conselho de administração à prática daqueles mesmos atos).

Conquanto o problema referente à atribuição de competência à assembleia geral para deliberar sobre assuntos de gestão, no caso em apreço, se encontrar resolvido – não sendo, por isto mesmo, verdadeiro problema –, nos termos do artigo 182.º, n.º 3, alínea b), que expressamente a atribuí, aquele referente à possibilidade de vinculação do conselho de administração à deliberação tomada pela assembleia geral tem de ter em conta a razão justificativa que, no geral, preside à não vinculação do conselho de administração às deliberações da assembleia geral. A razão que justifica a não vinculação, em termos gerais[175], do conselho de administração às deliberações da assembleia geral nas sociedades anónimas terá assento na *tutela das minorias*.

[174] Veja-se o que se escreveu *supra* na nota 193.

[175] Termos esses em que agora se joga, independentemente de nos encontramos perante uma sociedade cotada. Deparamo-nos com um problema de *corporate governance* que não conhece contornos distintos no sistema mobiliário. Vale aqui, pelo menos no que a este aspeto diz respeito, as regras de organização interna gerais.

Sem embargo de nos encontrarmos no âmbito de sociedades cotadas, vimos já que no que diz respeito ao governo societário, mais concretamente à repartição de competências e regime de vinculação, rege as regras gerais do Código das Sociedades Comerciais. Neste sentido, note-se, primeiramente, que o regime estabelecido para as sociedades por quotas e para as sociedades anónima é diametralmente distinto: nos termos do artigo 259.º do CSC, compete aos gerentes administrar a sociedade e, em geral, praticar todos os atos que não estejam reservados à competência de outro órgão, *com respeito pelas deliberações dos sócios*[176]. Deliberada determinada matéria pela assembleia geral nas sociedades por quotas, o órgão de gestão fica àquela deliberação vinculado. Contrariamente, no que às sociedades anónimas diz respeito, resulta do artigo 405.º, n.º 1 do CSC, que o conselho de administração não se encontra vinculado às deliberações da assembleia geral, salvo nos casos em que a lei ou o contrato de sociedade o determinem. No caso em apreço, não decorre nem da lei nem do contrato de sociedade que aquele órgão se deve subordinar à deliberação tomada nos termos do artigo 182.º, n.º 3, alínea b). É, por isso, de se atender às regras gerais nesta matéria: estando perante sociedades anónimas, estabelece o artigo 405.º, n.º 1, do CSC, aparentemente, que o conselho de administração não fica vinculado às deliberações da assembleia geral. Aliás, a doutrina tem entendido que, mesmo que a assembleia geral tenha – ou possa ter em determinados casos – competência para deliberar sobre matéria de gestão – como acontece nos termos do artigo 182.º, n.º 3, alínea b) em que essa competência é atribuída –, o conselho de administração nunca ficará vinculado ao resultado daquela deliberação, podendo ter ou não em conta o que dela resultar[177].

[176] Neste tipo societário os gerentes estão adstritos a respeitar as deliberações dos sócios, desde que válidas. Refere-se, a este propósito, a um *princípio de dependência de ordens ou instruções*, a que corresponde um "dever de obediência por parte dos gerentes" – assim, DIOGO PEREIRA DUARTE, *Anotação ao artigo 259.º*, in *Código das sociedades comerciais anotado*, coord. António Menezes Cordeiro, , Almedina, Coimbra, 2022, p. 1056. Sobre o cariz personalístico das sociedades por quotas e a vinculação dos gerentes às deliberações dos sócios, RAÚL VENTURA, *Sociedades por quotas. Comentário ao Código das Sociedades Comerciais*, vol. II, Almedina, Coimbra, 1989, p. 165; ANTÓNIO MENEZES CORDEIRO, *Manual de direito das sociedades*, II, cit., pp. 403-404. Ainda sobre as diferenças essenciais dos tipos sociedade por quotas e sociedades anónimas, com destaque para o que diz respeito à estrutura organizatória e o cariz mais personalístico das sociedades por quotas por comparação com as sociedades anónimas (de cariz capitalístico), veja-se PEDRO MAIA, "Tipos de sociedades comerciais", in *Estudos de direito das sociedades*, coord. Jorge Coutinho de Abreu, Almedina, Coimbra, 2015, pp. 13-39, pp. 25-30 e 37-39.

[177] Parece ser este o entendimento, no que ao tema em particular diz respeito, de ORLANDO VOGLER GUINÉ, *Da conduta (defensiva) da administração "opada"*, cit., p. 210.

Se o que justifica a repartição de competências nas sociedades anónimas, atribuindo a gestão da sociedade ao conselho de administração e não à assembleia geral é, em termos gerais, a necessidade de um órgão profissionalizado e a agilização da gestão societária[178] – tendencialmente pelas grandes dimensões deste tipo societário –, já o que diz respeito à justificação da distinção de regimes referente à *vinculação* do órgão de gestão às deliberações tomadas pela assembleia geral, num e noutro tipo societário, esta assenta na tutela das minorias[179]. Não se confunda, pois, a justificação para a distribuição de competências entre os dois órgãos sociais – de gestão e assembleia geral –, com a justificação subjacente à tendencial não vinculação do órgão de gestão às deliberações da assembleia de sócios.

[178] O conselho de administração nem sempre desempenhou o papel que hoje desempenha no seio das sociedades anónimas. Todavia, o crescimento das sociedades e a consequente complexização das tarefas de gestão empresarial levou a que o conselho de administração das sociedades ocupasse um papel preponderante face à assembleia de sócios (em análise critica, veja-se Pedro Maia, *Função e funcionamento do conselho de administração da sociedade anónima*, cit., pp. 14-15 e pp. 87 e ss., segundo o qual este não pode, pelo menos, ser o único argumento para justificar a relevância atribuída ao conselho de administração das sociedade anónimas). Por outro lado, a enorme disseminação do capital social, bem como a necessidade de adequar a gestão da sociedade à sua dimensão e potencialização, deslocou o centro da atividade gestória da assembleia geral para um órgão de administração independente daquela. Esta repartição de poderes entre a assembleia geral e o órgão de gestão das sociedades justifica-se, pois, por questões de operacionalidade, funcionalidade e de eficiência social. Como escreveu recentemente Ana Perestrelo de Oliveira, "Papel e competência da assembleia geral da sociedade anónima no Código das Sociedades Comerciais", in *RDS*, ano XIV, 2 (julho-dezembro), 2022, pp. 171-196, p. 173, "em termos práticos e jurídicos, são os administradores – eleitos e controlados pela assembleia – que se encontram habilitados para decidir em matéria de gestão, mas estes poderes são mera decorrência da necessária profissionalização e agilização da gestão societária". A mesma ideia se pode encontrar, entre variadíssimos outros autores, nomeadamente David Oliveira Festas, "As competências não escritas dos acionistas em matérias de administração", cit., pp. 198-201. Veja-se, por todos, sobre o tema José Ferreira Gomes, *Da administração à fiscalização das sociedades*, cit., pp. 48 e ss que, como salienta «[...]aquela separação [entre propriedade e gestão] pode verificar-se em todas as sociedades cuja dimensão ou complexidade da sua atividade impliquem uma especialização da sua administração ou uma concentração do controlo societário nas mãos de algum ou alguns sócios controladores, implicando uma alienação dos demais sócios face à atividade social» (p. 50). Por fim, José Pires Cardoso, *Problemas do anonimato: Fiscalização das sociedades anónimas*, 2, Lisboa, Empresa Nacional de Publicidade, 1943, pp. 18-19.

[179] Atente-se que não nos referimos a um conceito *estático* de minoria. Pelo contrário, será de salientar que estamos perante um conceito *relativo* de minoria, na medida em que estas apenas podem ser aferidas em cada deliberação da assembleia geral: uma minoria numa deliberação pode não constituir uma minoria noutra deliberação – excetuam-se, naturalmente, os casos dos sócios maioritários que, sendo necessariamente maioritários, nunca constituirão uma minoria.

A afirmação segundo a qual é a tutela das minoria que justifica a diferença de regimes, no que toca à vinculação do conselho de administração às deliberações dos sócios, pode facilmente ser compreendida se atendermos, desde logo, a que o que está na base do sistema societário é o pressuposto da existência, ou não, de confiança entre os sócios. É o pressuposto de existência de uma maior ou menor confiança ou aproximação dos sócios que justifica, em primeira linha, as diferenças, por um lado, respeitantes ao regime de responsabilidade pelas dívidas sociais em cada tipo societário[180], por outro, aquele respeitante aos limites à transmissibilidade das participações sociais[181] e, por fim, no que diz respeito à estrutura, composição e funcionamento dos órgão sociais nos diferentes tipos societários.

Nas sociedades anónimas, ao contrário do que acontece nas sociedades por quotas, existe, por um lado, pelo menos tendencialmente, um maior número de sócios, uma vez que se pressupõe que se constitui este tipo de sociedades para dar cobro a projetos de maiores dimensões. Existindo um tendencial maior número de sócios, tipicamente, também existirá uma potencial maior dispersão ou pulverização do capital social (isto é especialmente visível numa sociedade cotada). Para além do mais, tipicamente, existe uma menor proximidade entre os sócios nas sociedades anónimas – podendo estes ser totalmente anónimos entre si – e, consequentemente, pelo menos potencialmente, uma maior dissonância entre os interesses de cada sócio. Daqui decorre, e como se constata através da análise do regime das sociedades anónima por contraposição ao das sociedades por quotas, que existe uma maior tutela das minorias nas sociedades anónimas do que nas sociedades por quotas, onde, pelo menos tendencialmente, haverá maior consenso entre cada detentor das participações sociais e onde a própria gerência é muitas vezes composta por sócios da sociedade por quotas. Um desses pontos assenta justamente na independência do conselho de administração, em geral, face às deliberações da assembleia geral nas sociedades anónimas.

[180] Veja-se o disposto no artigo 197.º, n.º 1 do CSC para as sociedades por quotas e o disposto no artigo 271.º do CSC para as sociedades anónimas.

[181] Compare-se o disposto no artigo 228.º, n.º 2, do CSC para as sociedades por quotas e o disposto no artigo 328.º, n.º 1, do CSC para as sociedades anónimas.

Na medida em que o conselho de administração se encontra adstrito ao dever de administrar *no interesse da sociedade*[182] – e não no interesse dos sócios maioritários[183] –, numa sociedade de grandes dimensões – como tendencialmente são as sociedades anónimas e, em especial, as sociedades cotadas –, se os acionistas maioritários pudessem vincular sempre o conselho de administração, gerar-se-ia uma desproteção desmedida dos minoritários face aos maioritários[184]. Admitindo que o conselho de administração ficaria vinculado a todas as deliberações da assembleia geral dos sócios, o mesmo traduzir-se-ia na condução da vida da sociedade mediante o interesse dos sócios maioritários e em total desconsideração dos demais sujeitos que investiram na sociedade[185].

[182] Cfr., entre outros, Pedro Caetano Nunes, *Dever de gestão dos administradores de sociedades anónimas*, cit., pp. 450-455; Raúl Ventura/ Luís Brito Correia, "Responsabilidade civil dos administradores de sociedades anónimas e dos gerentes de sociedades por quotas", in *BMJ*, n.º 192, 1970; Manuel Carneiro da Frada, "A business judgment rule no quadro dos deveres gerais dos administradores", in *Jornadas – Sociedades abertas, valores mobiliários e intermediação financeira*, Almedina, Coimbra, 2007, pp. 201-242, pp. 212-215; Pedro Pais de Vasconcelos, "Responsabilidade civil dos gestores das sociedades comerciais", in *DSR*, n.º 1, 2009, pp. 11-32, pp. 19-20; Ana Perestrelo de Oliveira, *A responsabilidade civil dos administradores nas sociedades em relação de grupo*, Almedina, Coimbra, 2007, p. 89; Nuno Trigo dos Reis, "Os deveres de lealdade dos administradores de sociedades comerciais", in *Cadernos O Direito – Temas de Direito Comercial*, n.º 4, 2009, pp. 279-419, p. 338; Pedro de Albuquerque, *Os limites à pluriocupação dos membros do conselho geral e de supervisão e do conselho fiscal*, Almedina, Coimbra, 2007, p. 69; José de Oliveira Ascensão, *Direito Comercial, vol. IV, Sociedades Comerciais. Parte Geral*, Dislivro, Lisboa, 2000, pp. 443-446 e 453.

[183] Não é este o lugar certo para se discutir sobre o que se deve entender por interesse da sociedade. Todavia, independentemente da posição que se adote, este nunca será identificado como o interesse do sócio ou sócios maioritários – ainda que muitas vezes com ele coincida.

[184] Com isto não queremos dizer que não exista o risco de numa sociedade por quotas o mesmo suceder. O risco existe. Contudo, as diferenças estruturais – no que diz respeito à composição acionista – entre os dois tipos societários impuseram uma diferenciação de regime na medida em que, pelo menos tendencialmente, nas sociedades por quotas o risco de dissonância de interesses entre sócio maioritário e sócios minoritários e consequente aproveitamento daquele face a estes é muito reduzido por contraposição com as sociedades anónimas. Ainda que em casos concretos as sociedades por quotas possam aproximar-se das sociedades anónimas e do cariz capitalístico destas, tendencialmente estas detêm um cariz personalístico na sua composição o que levou justamente à distinção de regimes entre um e outro tipo societário.

[185] A clivagem existente entre o substrato subjetivo da assembleia geral é ainda mais notória se atendermos a tradicional distinção entre sócio-empresário e sócios-investidores. Sobre esta veja-se Filipe Cassiano dos Santos, *Estrutura associativa e a participação societária capitalística*, cit., pp. 28-29. Numa sociedade anónima, especialmente numa sociedade anónima cotada, encontramos diferentes perfis de sócios, nomeadamente sócios que detém um número de participação social significativo que lhes permite interferir nos assuntos da sociedade – e que, tendencialmente têm interesse em nesta participar pensando numa estratégia de médio longo prazo – em sede de deliberação em

Todavia, encontramos no regime das sociedades anónimas casos em que a assembleia geral delibera sobre determinadas matérias de gestão por maioria qualificada, e em que o resultado *deve* ser acatado: pense-se, por exemplo, nos casos do artigo 383.º, n.º 2, do CSC. Nos termos deste preceito, «para que a assembleia geral possa deliberar, em primeira convocação, sobre a alteração do contrato de sociedade, fusão, cisão, transformação, dissolução da sociedade ou outros assuntos para os quais a lei exija maioria qualificada, sem a especificar, devem estar presentes ou representados accionistas que detenham, pelo menos, ações correspondentes a um terço do capital social». Por outro lado, a par destes, veja-se o disposto no artigo 346.º, n.º 6, relativo à deliberação de conversão de ações de fruição em ações de capital, ou o artigo 460.º, n.º 4, relativo à deliberação sobre limitação ou supressão do direito de subscrição preferente de ações em aumento de capital[186], ambos do CSC.

Nestes casos, é possível identificar sócios minoritários – que existirão sempre, salvo nos casos de deliberações unânimes. Todavia, a exigência de uma maioria qualificada para determinadas deliberações da assembleia geral justifica, que nesses casos, os interesses dos sócios minoritários nessas deliberações sejam postergados em relação aos interesses dos sócios maioritários na deliberação. Deliberando a assembleia, para estas matérias, por maioria qualificada, os interesses dos sócios dissidentes do sentido da deliberação não são tutelados pelo sistema, dando-se seguimento ao sentido da deliberação tomada pela maioria qualificada. A exigência de uma maioria qualificada costuma ter o seu fundamento radicado na tutela das minorias[187], mas não no sentido de tutela dos sócios minoritários em deliberação tomada por maioria qualificada, antes atendendo aos sócios minoritários no geral – não na concreta deliberação. Como escreve ARMANDO TRIUNFANTE, «se o quórum exigido para a tomada de uma certa decisão social é ampliado, lógica se torna a necessidade de um maior consenso entre os accionistas. A quantidade de capital social que tem de estar representado de acordo é muito superior, tal como também tem de ser superior a maioria que assegura a gestão

assembleia geral e sócios que apenas detém um pequeno número de ações cuja subscrição tem em vista rentabilizar de alguma forma o seu capital – os sócios investidores que decidem investir na sociedade em função do rendimento que podem esperar dessa aplicação.

[186] Poder-se-ia ainda referir os casos das normas que remetem para a disciplina da deliberação de sobre fusões (artigos 492.º, n.º 2 e 505.º do CSC) ou das normas que remetem para o regime da deliberação de dissolução da sociedade (artigo 161.º, n.º 2 do CSC).

[187] Veja-se, entre outros, ARMANDO TRIUNFANTE, *A tutela das minorias nas sociedades anónimas. Direitos individuais*, Coimbra Editora, Coimbra, 2004, pp. 36-38.

da sociedade. Quanto mais próximo chegar o quórum da própria exigência de unanimidade, mais perto estaremos da situação ideal, em abstracto, que seria o acordo de todos os membros na tomada de decisões importantes para o ente corporativo»[188].

Se o que as normas referentes à não vinculação do conselho de administração às deliberações tomadas em assembleia geral – por regra, por maioria simples – visam evitar é o risco de a condução da vida da sociedade ser feita atendendo apenas aos interesses dos sócios maioritários (que não se deve confundir com o interesse social, ainda que tendencialmente coincidam[189]), desprotegendo os sócios minoritários, quando seja exigida uma maioria qualificada para a tomada de certas decisões, aquele risco que a norma do artigo 405.º, n.º 2 do CSC visa evitar é mitigado. Consequentemente, quando tomadas as deliberações por maioria qualificada, aquele risco não consubstancia uma razão justificativa válida que justifique a não vinculação do conselho de administração à vontade (qualificada) dos sócios, que o pretendam nesse sentido vincular: pelo contrário, retira-se do sistema a ideia oposta.

Do exposto resulta que, tomada uma deliberação pela assembleia geral, cuja competência em matéria de gestão lhe é atribuída (seja por via estatutária ou normativa), por maioria qualificada, pretendendo os sócios vincular o conselho de administração, aquele a essas deliberações ficará vinculado. A questão que se coloca é a de saber qual a maioria exigida para a deliberação, nos termos do artigo 182.º, n.º 3, alínea b), que se destine a autorizar/vincular o conselho de administração à prática dos atos proibidos nos termos do artigo 182.º, n.º 1. A resposta é-nos dada pelo disposto no n.º 4, alínea b) do mesmo preceito, segundo o qual «as deliberações da assembleia geral previstas na alínea b) do número anterior, bem como as relativas à distribuição antecipada de dividendos e de outros rendimentos, apenas podem ser tomadas pela maioria exigida para a alteração dos estatutos», remetendo, assim, para o disposto no artigo 383.º, n.º 2, do CSC – que exige maioria qualificada. Não há, pois, por que sustentar, nestes termos, a impossibilidade de vinculação do conselho de administração a estas deliberações, quando essa seja a pretensão dos sócios. Pelo contrário, impõem-se a solução diversa: quando os sócios deliberem por maioria qualificada e *pretendam* vincular

[188] Cfr. Armando Triunfante, *A tutela das minorias nas sociedades anónimas. Direitos individuais*, cit., p. 37.

[189] Cfr. Pedro Maia, *Voto e corporate governance*, cit., pp. 231.

o conselho de administração ao resultado daquela deliberação, este fica àquelas vinculada – solução sistemáticamente coerente.

Admite-se, contudo, que os administradores possam sugerir outras medidas que não aquelas propostas pelos acionistas em assembleia geral por, devidamente ponderados, acreditarem que aqueloutras medidas são mais eficazes para o objetivo que se visa alcançar. Mas aqui não se trata de não vinculação, antes de discussão e proposta de medidas mais adequadas àquele objetivo. Aceite essa proposta, e deliberado que fica no sentido de prática das medidas propostas, os administradores continuam a elas vinculadas.

§ 5.º

AS CONSEQUÊNCIAS DO INCUMPRIMENTO DO DEVER DE NEUTRALIDADE

Para que se termine o estudo ora apresentado há que referir, por último, as consequências do incumprimento do dever de neutralidade pelos administradores que a ele se encontram adstritos. Tratando-se, como se viu, de um dever dos administradores perante a sociedade, ainda que para tutelar interesses dos sócios, a sua violação acarreta, naturalmente, consequências. Nomeadamente, e como veremos, (i) a responsabilidade civil dos membros do órgão de administração por incumprimento do dever de neutralidade e (ii) a possibilidade de destituição com justa causa. Por fim, ainda neste capítulo, cumpre analisar as consequências na validade /eficácia do ato ou atos praticados pelos administradores.

5.1 A responsabilidade civil dos administradores perante a sociedade pela violação do dever de neutralidade

Violando o dever de neutralidade, os administradores podem ficar sujeitos a responder civilmente perante a sociedade. Nos termos do artigo 72.º, n.º 1, do CSC, «os gerentes ou administradores respondem para com a sociedade pelos danos a esta causados por atos ou omissões praticados com preterição dos deveres legais ou contratuais, salvo se provarem que procederam sem culpa». A responsabilidade, nos termos do artigo 72.º, n.º 1, pressupõe, como em geral, uma atuação ou omissão do administrador, com culpa, ilícita (violadora dos seus deveres), da qual resulte um dano e a existência entre um nexo de causalidade entre o dano e a ação ou omissão do administrador[190].

[190] O tema referente à responsabilidade dos administradores é longo, especialmente após a introdução do Decreto-Lei n.º 76-A/2006, de 29 de março. Entre a infindável doutrina sobre o tema

Duas questões se impõem: a possibilidade de recurso à *business judgmente rule* e a possibilidade de desresponsabilização dos administradores quando tenham praticado um ato deliberado pela assembleia geral.

Quanto à questão de saber qual o papel desempenhado pela *business judgment rule*[191] neste caso, a resposta será breve. Nos termos do artigo 72.º, n.º 2,

veja-se, a título e exemplo, Nuno Manuel Pinto Oliveira, *Responsabilidade civil dos administradores. Entre o direito civil, direito das sociedades comerciais e direito da insolvência*, Coimbra Editora, Coimbra, 2015, pp. 75 e ss; Alexandre de Soveral Martins, *Administração de sociedades anónimas e responsabilidade dos administradores*, cit., pp. 205 e ss.; João Soares da Silva, "Responsabilidade civil dos administradores de sociedades: os deveres gerais e os princípios da corporate governance", in *ROA*, a. 57, n.º 2 (Abril), 1997, pp. 605-628; António Menezes Cordeiro, *Da responsabilidade civil dos administradores das sociedades comerciais*, cit., pp. 45; José Ferreira Gomes, "Responsabilidade civil dos administradores: ilicitude e culpa", in *Administração e governação de sociedades*, coord. Paulo Câmara, Almedina, Coimbra 2020, pp. 279-307; Raúl Ventura/Luís Brito Correia, "Responsabilidade civil dos administradores de sociedades anónimas e dos gerentes de sociedades por quotas", cit., pp. 12 e ss.

191 Os estudos referentes à *business judgment rule* são infindáveis. Na doutrina portuguesa, veja-se, entre outros, Manuel Carneiro da Frada, "A *business judgment rule* no quadro dos deveres gerais dos administradores", cit., pp. 321 e ss; Pedro Caetano Nunes, *Responsabilidade civil dos administradores perante os acionistas*, cit., pp. 23 e ss; João Soares da Silva, "Responsabilidade civil dos administradores de sociedades: os deveres gerais e os princípios da *corporate governance*", in *ROA*, ano 57, n.º 2, abril de 1997, pp. 624 e ss; Gabriela Figueiredo Dias, *Fiscalização de sociedades e responsabilidade civil (após a reforma do código das sociedades comerciais)*, Coimbra Editora, Coimbra, 2006, pp. 75 e ss; António Menezes Cordeiro, *Direito das sociedades*, I, cit., pp. 770 e ss; Pedro Pais de Vasconcelos, "*A business judgment rule*, deveres de cuidado e de lealdade, ilicitude e culpa e o artigo 64.º do Código das Sociedades Comerciais", in *I Congresso Direito das Sociedades em* Revista, Almedina, Coimbra, 2009, pp. 41-79, pp. 41 e ss; Jorge Coutinho de Abreu, *Responsabilidade civil dos administradores de sociedades*, cit., pp. 37 e ss; Ricardo Costa, "A *business judgment rule* na responsabilidade societária: entre a razoabilidade e a racionalidade", in *Estudos dispersos*, Almedina, Coimbra, 2020, pp. 7-34, pp. 7 e ss; José Ferreira Gomes "A discricionariedade empresarial, a *business judgment rule* e a celebração de contratos de *swap*", in *Cadernos do Mercado de Valores Mobiliários*, vol. 51, n.º 2, 2015, pp. 57-98, pp. 62 e ss; *Idem*, *Da administração à fiscalização das sociedades*, cit., pp. 921 e ss.; Nuno Pinto Oliveira, *Responsabilidade civil dos administradores*, cit., pp. 63 e ss; Jorge Coutinho de breu/Maria Elisabete Ramos, *Anotação ao artigo 72.º*, in *Código das sociedades comerciais em comentário*, coord. Jorge Coutinho de Abreu, Almedina, Coimbra, 2021, pp. 903 e ss. Veja-se ainda David Rosenberg, "Galactic Stupidity and the Business Judgment Rule", in *Journal of Corporation Law*, 32, 2006-2007, pp. 301-332. No ordenamento jurídico alemão o tema foi também alvo de grande discussão. Neste veja-se, entre outros, Andrea Lohse, *Unternehmerisches Ermessen. Zu den Aufgaben und Pflichten von Vorstand und Aufsichtsrat*, Mohr Siebeck, 2005, pp. 37 e ss.; Bernd Pfertner, *Unternehmerische Entscheidungen des Vorstands. Anwendungsbereich und Stellenwert der 'Business Judgment Rule' des §93 Abs. 1 S. 2 AktG*, Mohr Siebeck, 2017, pp. 45 e ss; Fabian Eike Flashoff, *Die Beweislastverteilung bei der Organhaftung. Zur Reichweite der Beweislastregel §93 Abs. 2 Satz 2 AktG un der Business Judgment Rule als 'presumption' deutscher Bauart*, Mohr Siebeck, 2022; Ivens Henrique Hübert, *Sorgfaltskonforme Prognosen und Pflichten der Geschäftsleiter im Vorfeld der*

«a responsabilidade é excluída se alguma das pessoas referidas no número anterior provar que atuou em termos informados, livre de qualquer interesse pessoal e segundo critérios de racionalidade empresarial».

O enquadramento dogmático da *business judgment rule* tem sido objeto de larga discussão entre a doutrina portuguesa, nomeadamente no que toca a saber se esta se traduz numa causa de exclusão da culpa[192] ou da ilicitude[193] ou, ainda, se resulta daqui não uma causa de exclusão mas antes a própria densificação da prestação devida pelos administradores[194]. A dificuldade resulta, desde logo, pelo facto de se transpor uma figura típica de um sistema de *common law*, onde opera como causa de exclusão da responsabilidade. Entendemos, todavia, de forma breve e por constrangimentos que o tema implica, que a razão está naquela última visão. Neste sentido, a *business judgment rule* contribui para fixar a ilicitude, pois auxilia a determinar o critério geral do art. 64.º» recortando «por dentro o espaço de ilicitude prévia, mas provisoriamente indicado face ao artigo 64.º, n.º 1, alínea a)»[195].

É reconhecido entre a doutrina que esta disposição vale apenas quando estejamos perante um espaço de discricionariedade dos administradores e já não quando aqueles estejam adstritos a deveres específicos[196]. Apenas quando haja margem para escolha entre diversas alternativas de ação, isto é, possibilidade de escolha quanto ao *modo* de cumprimento da obrigação, o administrador poderá socorrer-se do disposto no artigo 72.º, n.º 2, do CSC. Quando a lei ou os estatutos imponham deveres de conteúdo definido, isto é, deveres

Insolvenz: Ein Beitrag mit rechtsvergleichenden Bezgen (Schriften zum Insolvenzrecht 65), Nomos, 2018, pp. 412 e ss; Jan Eickelberg, *Die Zulässigkeit von Unternehmensspenden. Aktien rechtliche Grenzen und Hadlunggsoptionen für Vorstand und Aufsichtsrat*, Nomos, 2016, pp. 34 e ss.

[192] Neste sentido, António Menezes Cordeiro, *Direito das sociedades*, I, cit., pp. 890-891.

[193] Assim, António Pereira de Almeida, *Sociedades Comerciais*, cit., p. 247; Gabriela Figueiredo Dias, *Fiscalização de sociedades e responsabilidade civil*, cit., pp. 74 e ss; Jorge Coutinho de Abreu, *Responsabilidade civil dos administradores de sociedades*, cit., p. 43; Pedro Pais de Vasconcelos, "*Business judgment rule*, deveres de cuidado e de lealdade, ilicitude e culpa e o artigo 64.º do Código das Sociedades Comerciais", cit., p. 58.

[194] Como bem nota Manuel Carneiro da Frada, "A *Business Judgment Rule* no quadro dos deveres gerais dos administradores", cit., p. 353; Nuno Trigo Reis, "Os deveres de lealdade dos administradores de sociedades comerciais", cit., pp. 320-321 e Nuno Pinto Oliveira, *Responsabilidade civil dos administradores. Entre o direito civil, direito das sociedades e direito da insolvência*, cit., p. 68.

[195] Cfr. Manuel Carneiro da Frada, "A *Business Judgment Rule* no quadro dos deveres gerais dos administradores", cit., p. 353.

[196] Por todos Ricardo Costa, "A *business judgment rule* na responsabilidade societária: entre a razoabilidade e a racionalidade", cit., p. 13.

específicos, os administradores não podem optar pelo *modo* de cumprimento, antes tendo de praticar os factos especificados.

Nos casos de incumprimento de deveres de conteúdo definido, a ausência de discricionariedade traduz a circunstância de a responsabilidade derivar imediatamente e sem mais da violação do dever[197]. O mesmo sucede para o incumprimento do dever de lealdade: o incumprimento do dever lealdade veda a possibilidade de exclusão da responsabilidade do administrador por esta via[198]. No exercício das suas funções, os administradores devem orientar a sua atividade para a prossecução do interesse social, entendido como o interesse dos sócios em modo coletivo. Desta forma, não cabe neste domínio a escolha dos interesses a prosseguir pelos administradores. Em suma, a *business judgment rule* atua apenas quando estejam em causa os deveres de cuidado dos administradores, excluindo-se a possibilidade da sua aplicação à violação de deveres específicos, determinados na lei ou nos estatutos, e dos deveres de lealdade.

O caso que nos ocupa trata de uma violação de um dever específico a que os administradores se encontram adstritos: o dever de neutralidade. Nos termos deste dever, os administradores não podem praticar os atos previstos no artigo 182.º, n.º 1 na pendência da OPA. É certo que sempre se poderá argumentar que os administradores só têm conhecimento dos atos

[197] Cfr. Manuel Carneiro da Frada, "A *Business Judgment Rule* no quadro dos deveres gerais dos administradores", cit., p. 343; Ricardo Costa, "A *business judgment rule* na responsabilidade societária: entre a razoabilidade e a racionalidade", cit., p. 15 e 17; Nuno Trigo Reis, "Os deveres de lealdade dos administradores de sociedades comerciais", cit., p. 314.

[198] Neste sentido se pronunciou a maioria da doutrina: Ricardo Costa, "A *business judgment rule* na responsabilidade societária: entre a razoabilidade e a racionalidade", cit., pp. 18-19; Nuno Trigo Reis, "Os deveres de lealdade dos administradores de sociedades comerciais", cit., p. 313; Jorge Coutinho de Abreu, *Responsabilidade civil dos administradores de sociedades*, cit., p. 47; João Calvão da Silva, "Corporate governance. Responsabilidade civil de administradores não executivos, da comissão de auditoria e do conselho geral e de supervisão", cit., pp. 31-59, p. 57; Manuel Carneiro da Frada, "A *Business Judgment Rule* no quadro dos deveres gerais dos administradores", cit., p. 343; Paulo Câmara, "O governo das sociedades e a reforma do Código das Sociedades Comerciais", in *Código das Sociedades Comerciais e o governo das sociedades*, Almedina, Coimbra, 2008, p. 52; Pedro Caetano Nunes, *Dever de gestão dos administradores de sociedades anónimas*, cit., p. 516; Ana Perestrelo de Oliveira, *Grupos de sociedades e deveres de lealdade. Por um critério unitário de solução de "conflitos de grupos"*, Almedina, Coimbra, 2012, pp. 253-254, n. 813. Na doutrina alemã, veja-se, Marcus Roth, *Unternehmerisches and Haftung des Vorstand. Handlungsspielräume und Haftungsrisiken insbesondere in der wirtschaftlichen Krise*, Verlag C.H. Beck, München, 2001 pp. 87 e ss., e Andrea Lohse, *Unternehmerisches Ermessen. Zu den Aufgaben und Pflichten von Vorstand und Aufsichtsrat*, Mohr Siebeck, pp. 65 e ss.

que não podem praticar nos concretos casos, mas daqui não resulta uma solução diversa. O dever só impende sobre os administradores nesses concretos casos: assim, apenas no caso de a sociedade se encontrar na pendência de uma OPA, os administradores têm o dever de não praticar aqueles atos que, nesse momento, já são por si apreensíveis. Não se trata de um dever que permita ao administrador a escolha do *modo* de cumprimento do dever, mas antes o proíbe que pratique certos atos – ainda que esses atos só sejam apreensíveis nos concretos casos. Mesmo que assim não se entenda sempre se dirá que a norma pressupõe justamente que o administrador se encontra em conflito de interesses o que inviabiliza o recurso àquela figura porquanto a sua aplicação pressupõe que o administrador age livre de qualquer interesse pessoal[199].

Nestes termos, a pretensão de recurso à *business judgment rule* não é admissível, havendo, por consequência, se preenchidos os demais pressupostos, lugar a responsabilidade civil dos administradores perante a sociedade.

No que diz respeito à segunda questão colocada, importa aferir se os administradores ficam sujeitos a responsabilidade civil perante a sociedade quando o ato por si praticado e que àquela tenha causado danos – que, entenda-se, neste caso se prende com a retirada da oferta – tenha sido autorizado pela assembleia geral. A resposta não pode deixar de ser no sentido da sua não responsabilização nos casos em que a assembleia geral tenha pretendido vincular o conselho de administração à prática daqueles mesmos atos. Falha aqui o requisito da ilicitude na medida em que, nesses casos, o conselho de administração cumpre um dever. Por outro lado, cominar-se a responsabilização dos administradores seria responsabilizá-los por um dano provocado à sociedade que só ocorreu porque a sociedade – leia-se, os sócios – o instruíram à prática daquele ato[200]. Em suma, quando a conduta seja deliberada – pretendendo vincular o conselho de administração – pela assembleia não haverá espaço a responsabilidade civil dos administradores perante a sociedade.

Resta saber se o mesmo resultado procede para os casos em que a autorização é autorizativa, não pretendendo vincular o conselho de administração.

[199] João Cunha Vaz, *A OPA e o controlo societário. A regra de não frustração*, cit., p. 131, sustenta a este propósito que o dever de neutralidade decorre do dever de lealdade dos administradores. Nesta medida, os administradores não ficarão isentos de responsabilidade nos termos do artigo 72.º, n.º 2, do CSC porquanto aquele não tem aplicação quando se trate da violação do dever de lealdade dos administradores. Também neste sentido, Orlando Vogler Guiné, *Da conduta (defensiva) da administração "opada"*, cit., pp. 127-131.

[200] Tratando-se de um caso de verdadeiro *venire contra factum proprium* – cfr. António Menezes Cordeiro, *Da boa fé no direito civil*, Almedina, Coimbra, 2017, pp. 971 e ss.

Estamos em crer que a resposta não será distinta nestes casos. Ainda que a assembleia geral não tenha pretendido vincular o conselho de administração à prática de determinadas medidas, autorizou-o nesse sentido. Nestes casos, não há um dever de praticar aquela(s) medida(s), mas o conselho foi autorizado a praticá-las. Também aqui, pretender responsabilizar os membros do conselho de administração pela prática de determinados atos que foram previamente autorizados pela sociedade –leia-se, os sócios – traduzir-se-ia na responsabilização de determinados sujeitos pelos danos causados à sociedade que apenas o foram porque autorizados por aquela.

5.2 A responsabilidade civil dos administradores perante os sócios pela violação do dever de neutralidade

Para além de uma eventual responsabilidade civil dos administradores perante a sociedade em decorrência da violação do dever de neutralidade, pode ainda questionar-se se, tratando-se o dever de neutralidade de um dever que visa a tutela dos interesses dos sócios enquanto destinatários da oferta, violando os administradores aquele dever haverá lugar a responsabilidade civil não apenas perante a sociedade, mas também perante os sócios. O tema da responsabilidade civil dos administradores perante os sócios não é, de modo algum, um tema fácil[201]. Contudo, e apurado que está o facto de os interesses a tutelar pelo dever de neutralidade serem os interesses dos sócios enquanto destinatários da oferta, não nos podemos furtar a responder à questão de saber se, violando aquele dever, os administradores não responderão perante os sócios[202].

Nos termos do artigo 79.º, n.º 1, do CSC, «os gerentes, administradores ou diretores respondem também, nos termos gerais, para com os sócios e terceiros

[201] Sobre o tema, veja-se, entre outros, CATARINA PIRES CORDEIRO, "Algumas considerações críticas sobre a responsabilidade civil dos administradores perante os accionistas no ordenamento jurídico português", in *O Direito*, 137, 2005, pp. 81-135; ANTÓNIO MENEZES Cordeiro, *Da responsabilidade civil dos administradores das sociedades comerciais*, Lex, Lisboa, 1997; JORGE COUTINHO DE ABREU, *Responsabilidade civil dos administradores de sociedades*, cit., pp. 86 e ss; PEDRO CAETANO NUNES, *Responsabilidade civil dos administradores perante os accionistas*, cit., pp. 35 e ss; RAÚL VENTURA/ LUÍS BRITO CORREIA, "Responsabilidade civil dos administradores de sociedades anónimas e dos gerentes de sociedades por quotas", cit., pp. 368-399; NUNO PINTO DE OLIVEIRA, *Responsabilidade dos administradores. Entre direito civil, direito das sociedades e direito da insolvência*, cit., pp. 133 e ss.

[202] Sobre a responsabilidade dos administradores perante a sociedade, ver *supra* ponto 5.1.

pelos danos que diretamente lhes causarem no exercício das suas funções». Os termos em que este artigo se encontra redigido levantam várias questões.

Desde logo, a afirmação de que os administradores responderão, em certas circunstâncias, perante os sócios da sociedade, levanta o problema de compreender que tipo de responsabilidade está aqui em causa (já que o artigo 79.º, n.º 1, do CSC, remete para os *termos gerais* da responsabilidade civil). A resposta que mais tem sido dada pela doutrina, com um argumento que parece de peso, reconduz a responsabilidade dos administradores perante os sócios à responsabilidade delitual[203]. Na medida em que entre administrador e sócios não existe uma qualquer relação obrigacional, a remissão para os *termos gerais* operada pelo artigo 79.º, n.º 1, do CSC, apenas poderia ser entendida como uma remissão para o artigo 483.º do CC[204]. Por outro lado, o que seja entendido por "danos que *directamente* lhes causarem" tem também sido alvo de controvérsia entre a doutrina[205].

Começando por destrinçar o que significa um *dano diretamente causado* dir-se-á, e na medida em que não se pretende, nesta sede, desenvolver o tema mais do que necessário, que os danos diretos são aqueles que se produzem na esfera jurídica de terceiro (neste caso o sócio) *sem a intermediação do património da sociedade* – ao contrário dos danos indiretos que, por sua vez teriam a intermediação do património da sociedade[206]. O dano, como ensina

[203] Neste sentido, cfr. RAÚL VENTURA/ LUÍS BRITO CORREIA, *Responsabilidade civil dos administradores de sociedades anónimas e dos gerentes de sociedades por quotas*, cit., pp. 368 e 372 e ss; ANTÓNIO MENEZES Cordeiro, *Da responsabilidade civil dos administradores das sociedades comerciais*, cit., pp. 679; JORGE COUTINHO DE ABREU, *Responsabilidade civil dos administradores de sociedades*, cit., pp. 87 e ss; e, se bem interpretamos, ALEXANDRE DE SOVERAL MARTINS, *Administração de sociedades anónimas e responsabilidade dos administradores*, cit., pp. 275-278, admitindo que a responsabilidade possa também ser pré-contratual, dependendo do concreto caso (p. 278).

[204] No que diz respeito ao nosso tema em concreto, é este o entendimento de JOÃO CUNHA VAZ, *A OPA e o controlo societário*, cit., p. 264, n. 511.

[205] Veja-se, por todos, NUNO PINTO DE OLIVEIRA, *Responsabilidade dos administradores. Entre direito civil, direito das sociedades e direito da insolvência*, cit., pp. 133 e ss.

[206] Neste sentido, JORGE COUTINHO DE ABREU, *Responsabilidade civil dos administradores de sociedades*, cit., p. 74. Sobre o tema ANTÓNIO MENEZES CORDEIRO, *Da responsabilidade civil dos administradores das sociedades comerciais*, cit., p. 496, segundo o qual *danos que diretamente lhes causarem* corresponde ao «danos causados, em termos que não são interferidos pela presença da sociedade. Tudo se passará, pois, em moldes tais que a representação da sociedade, mesmo a ser invocada, se mostre irrelevante». Veja-se também NUNO PINTO DE OLIVEIRA, *Responsabilidade dos administradores. Entre direito civil, direito das sociedades e direito da insolvência*, cit., p. 135, que sustenta, diversamente, que «o dano *directamente causado* é o dano causado aos credores, aos sócios, ou a terceiros, não imputável ao administrador *nos temros gerais* da responsabilidade civil. O dano *indirectamente causado* é o dano causado aos credores, aos sócios, ou a terceiros, não imputável ao administrador *nos termos gerais* da responsabilidade civil».

ANTÓNIO MENEZES CORDEIRO, caracteriza-se por ser a «supressão ou diminuição de uma situação favorável, reconhecida ou tutelada pelo Direito»[207]. Contudo, o facto só deve considerar-se como uma lesão de um direito ou interesse juridicamente tutelado quando o seu resultado corresponda a uma diferença entre o ser e dever ser: *considerando que uma situação (juridicamente relevante) corresponde a uma repartição de bens, diferença entre a situação tal como é e a situação tal como deve ser pode traduzir-se por diferença entre a repartição de bens que existe e a situação de bens que deveria existir*[208]. O mesmo é dizer, em termos mais rigorosos, que o dano consiste numa «perturbação da repartição de bens desejada, quer pela ordem jurídica, quer pelas partes, na ordenação, em autonomia privada, das suas relações»[209]. Desta forma, quando uma norma tutela determinada *situação favorável*, a sua violação é suscetível de provocar um dano na esfera jurídica do sujeito protegido por aquela disposição normativa.

Ora, a circunstância de um dano ser *direto* ou *indireto* terá necessariamente que ver com a incidência daquele dano na esfera jurídica de um sujeito. Afasta-se, pois, a recondução deste problema a um problema de *imputação* do dano aos administradores[210]. Não está em causa saber se o administrador agiu ou não dolosamente (ou com negligência grosseira), mas antes apurar se uma disposição normativa destinada a proteger determinada *situação favorável* foi violada, provocando, em consequência dessa violação, a supressão ou diminuição dessa mesma situação.

No caso que nos ocupa, a norma do artigo 182.º, n.º 1, visa tutelar o interesse dos sócios individualmente considerados enquanto destinatários da oferta, na alienação ou não das suas participações sociais. A violação do dever de neutralidade pelos administradores provocará, não um dano indireto, mas

[207] Cfr. ANTÓNIO MENEZES CORDEIRO, *Tratado de direito civil. Direito das obrigações. VIII*, Almedina, Coimbra, 2014, p. 511. O autor adota a definição de PAULO MOTA PINTO, *Interesse contratual negativo e interesse contratual positivo*, vol. I, Coimbra Editora, Coimbra, 2009, pp. 528 e ss.

[208] Cfr. PAULO MOTA PINTO, *Interesse contratual negativo e interesse contratual positivo*, vol. I, cit., pp. 550-551.

[209] Cfr. PAULO MOTA PINTO, *Interesse contratual negativo e interesse contratual positivo*, vol. I, cit., p. 541.

[210] No sentido de que o problema do artigo 79.º, n.º1 seria sobretudo um problema de imputação do dano aos administradores, *vide*, JOSÉ DE OLIVEIRA ASCENSÃO, *Direito civil. Teoria geral*, vol. I, Coimbra Editora, Coimbra, 2000, p. 279. Na senda daquele autor, CATARINA PIRES CORDEIRO, "Algumas considerações críticas sobre a responsabilidade civil dos administradores perante os accionistas no ordenamento jurídico português", cit., p. 121, segundo a autora «em regra, o administrador só responde quando viola, com dolo, ou, em circunstâncias especiais, com negligência grave, deveres específicos para com a sociedade; nestas hipóteses é apenas o administrador – e não a pessoa colectiva – que responde».

um dano direto na esfera jurídica dos sócios que se consubstancia na perda da possibilidade de venda das suas ações. Este dano é um dano provocado a cada sócio, individualmente considerado, e não à sociedade.

A determinação da existência de um dano direto provocado pelo administrador por consequência da violação do dever de neutralidade não é suficiente para apurar em que termos é que o administrador deverá responder. Recorde-se que o artigo 79.º, n.º 1, do CSC remete para *os termos gerais* da responsabilidade. A remissão para os termos gerais da responsabilidade tem gerado, ao longo dos tempos, dúvidas.

O estabelecimento de uma natureza pré-determinada da responsabilidade dos administradores perante os sócios comportará a aplicação de regimes distintos caso se assuma que se trate de responsabilidade obrigacional ou delitual. Vimos já que a maioria da doutrina interpreta esta remissão como uma remissão para o artigo 483.º do CC, dado não existir entre o administrador e os sócios qualquer relação obrigacional[211]. Mas não nos parece que se possa pré-determinar a natureza da responsabilidade dos administradores perante os sócios. A remissão para os *termos gerais* da responsabilidade civil do artigo 79.º, n.º 1, do CSC opera como uma remissão para os requisitos gerais da responsabilidade, seja ela, nuns casos, obrigacional, noutros delitual, ou, como veremos, para uma responsabilidade intermédia por violação de deveres de proteção, dentro das relações obrigacionais (em sentido amplo) sem deveres primários de prestação[212]. Corolário do que se acaba de dizer é a circunstância de a mera recondução ao artigo 79.º, n.º 1, do CSC não ser, por si só, suficiente para a resolução do caso em apreço.

Se é certo que não existe uma relação obrigacional em sentido estrito entre o administrador e os sócios, não deixa de o ser também o facto de a relação entre estes e aqueles não se poder reconduzir às normais relações estabelecidas entre os administradores e um terceiro à sociedade. Os sócios, apesar de terceiros por referência à relação estabelecida entre o administrador e a sociedade, têm, como salientam RAÚL VENTURA e LUÍS BRITO CORREIA, «uma posição muito particular relativamente à sociedade de que são sócios, enquanto «participam» na sociedade: não se limitam a ter direito a certas prestações da sociedade (direito ao dividendo, à quota de liquidação...) mas têm poderes «sobre» a própria sociedade: foram os sócios que a criaram, têm

[211] Cfr. *supra* nota 234.

[212] Neste sentido, NUNO PINTO DE OLIVEIRA, *Responsabilidade dos administradores. Entre direito civil, direito das sociedades e direito da insolvência*, cit., p. 143.

poderes para orientar a sua actividade, podem dissolve-la. A sociedade, de algum modo, é «deles». E os administradores são, em certo sentido, encarregados por todos de gerir os negócios e interesses também de todos»[213]. Esta circunstância traduz-se em vários pontos do Direito societário e no Direito dos valores mobiliários, nomeadamente, e para o que nos interessa, na norma do artigo 182.º, n.º 1.

O dever de neutralidade, presente no artigo 182.º, n.º 1, é um dever dos administradores perante a sociedade. Assim, o dever de não praticar os atos nele estabelecidos é uma dever estabelecido por referência à relação entre aqueles e esta. Mas, como resulta do que até agora temos vindo a perfilhar, apesar de o dever de se abster da prática de determinados atos ser um dever perante a sociedade, este na realidade visa a tutela dos interesses dos acionistas individualmente considerados. A *ratio* da norma prende-se com a tutela dos interesses dos sócios individualmente considerados enquanto destinatários da oferta – e não com a tutela dos interesses da sociedade. Daqui resulta que a norma do artigo 182.º, n.º 1 é uma norma de proteção dos sócios, isto é, uma norma de proteção de sujeitos estranhos à relação estabelecida entre administrador e sociedade. Tanto mais que a sua violação se repercute diretamente na esfera daqueles sujeitos que deixam de ter a possibilidade de vender as suas ações. O que está, na verdade, aqui subjacente é o facto da obrigação dos administradores, apesar de ser primariamente uma obrigação perante a sociedade, se constituir como uma obrigação (em sentido amplo) com eficácia de proteção para terceiros[214].

O tema da eficácia de proteção para terceiros é tratado a propósito de contratos e não de obrigações; sem prejuízo, e como é reconhecido na doutrina, o mesmo raciocínio pode adaptar-se, *mutatis mutandis*, às relações obrigacionais (em sentido amplo) sem deveres primários de prestação[215]. O cerne deste tipo de negócios encontra-se no reconhecimento de que determinados negócios podem conferir uma certa tutela a quem neles

[213] Cfr. Raúl Ventura/ Luís Brito Correia, *Responsabilidade civil dos administradores de sociedades anónimas e dos gerentes de sociedades por quotas*, cit., p. 368.

[214] O tratamento dogmático autónomo da figura do contrato com eficácia de proteção de terceiros, coube originalmente a Karl Larenz, *Lehrbuch des Schuldsrechts, Allgemeneiner Teil*, München, 1987, pp. 224 ss.

[215] Cfr. Nuno Pinto de Oliveira, *Princípios de direito dos contratos*, Coimbra Editora, Coimbra, 2011, p. 172 e Claus-Wilhelm Canaris, "Autoria e participação na *culpa in contrahendo*", in *Revista de direito e economia*, 1990, pp. 5-42. A propósito do mesmo tema que agora nos ocupa, Catarina Pires Cordeiro, "Algumas considerações críticas sobre a responsabilidade civil dos administradores perante os accionistas no ordenamento jurídico português", cit., p. 128.

não é parte[216]. Deste modo, como sustenta MANUEL CARNEIRO DA FRADA, «certos negócios envolveriam determinados terceiros sob o seu manto protector, conferindo-lhes um direito indemnizatório, não por violação de algum dever de prestar (pois estes só existem, regra geral, entre as partes), mas por desrespeito de um específico dever de salvaguardar a sua integridade pessoal ou patrimonial»[217]. Esta conceção parte, naturalmente, da ideia de que estamos perante uma obrigação enquanto realidade complexa que abrange não apenas o dever de prestar primário, mas também outros deveres de conduta. É atendendo à compreensão da existência de uma relação jurídica global complexa que se pode compreender a figura do contrato com eficácia de proteção de terceiro.

No caso em apreço, e como salientado, não existe um contrato que una o administrador à sociedade, mas antes um conjunto de obrigações, de fonte legal ou estatutária. Esta circunstância não inviabiliza a mobilização da figura agora em análise. Desde logo, e como salienta MANUEL CARNEIRO DA FRADA, a doutrina admite a existência de deveres de proteção de terceiros junto de relações obrigacionais legais. Neste sentido, a ausência de um contrato entre a sociedade e o administrador não obsta à mobilização desta figura. A este propósito, CATARINA MONTEIRO PIRES, de cujas palavras nos socorremos, sustenta que a situação do acionista poderá mesmo aproximar-se, na maioria das ocorrências, da dos terceiros a quem assiste uma pretensão indemnizatória em virtude de um incumprimento de um dever de prestar[218].

[216] Cfr. MANUEL CARNEIRO DA FRADA, *Teoria da confiança e responsabilidade civil*, Almedina, Coimbra, 2004, p. 135, n. 108.

[217] Cfr. MANUEL CARNEIRO DA FRADA, *Contrato e deveres de protecção*, Almedina, Coimbra, 1994, p. 43. Continua o autor, na esteira de CLAUS-WILHELM CANARIS, *Haftung Dritter aus positiver Forderungsverletzung*, in VersR, 1965, pp. 115 e ss, dizendo que «admitiu-se que o credor poderia ter a sua esfera patrimonial ou pessoal defendida, não apenas pela cominação de deveres de protecção à contraparte no contrato, mas também pela extensão destes a certos terceiros em razão da proximidade deles à sua esfera e concomitante possibilidade de aí interferir danosamente. O contrato com eficácia de protecção contra terceiros daria um direito indemnizatório ao credor contra terceiros, não por violação do seu interesse na prestação (pois este só pode ser feito valer, em regra, contra o devedor), mas por inobservância de um dever de protecção da sua integridade a cargo desses terceiros».

[218] Cfr. CATARINA PIRES CORDEIRO, "Algumas considerações críticas sobre a responsabilidade civil dos administradores perante os accionistas no ordenamento jurídico português", cit., p. 129.

Neste sentido, a jurisprudência e a doutrina alemã[219] têm salientado algumas exigências para que o terceiro – neste caso, os sócios – possa ser obrigacionalmente protegido por via da figura do contrato (no caso obrigação) com eficácia de proteção para terceiros. Em primeiro lugar, «o terceiro deve estar exposto aos riscos do contrato com a mesma intensidade que o credor»; em segundo lugar, «o credor deve ter um interesse especial na proteção do terceiro, atendendo, nomeadamente a uma relação de especial proximidade entre eles pré-existente»; em terceiro lugar, «a exposição aos riscos do contrato e a especial relação entre o terceiro e o credor, devem poder ser reconhecidos pelo devedor ao concluir o contrato»; finalmente, «reclama-se que o terceiro esteja necessitado de proteção».

Face a estas exigências, o caso que nos ocupa não levanta dificuldade de maior. O dever de neutralidade imposto aos administradores, como vimos, apesar de se consubstanciar como uma obrigação perante a sociedade *visa* a tutela dos interesses dos concretos sócios da sociedade. Não só o incumprimento do seu dever se manifestará *diretamente* na sua esfera – pela perda de possibilidade de venda das suas ações –, como o conhecimento deste dano é do conhecimento dos administradores que incumprem o seu dever – aliás, e como vimos, os administradores que têm o incentivo de obstaculizar o sucesso da oferta fazem-no no seu interesse, em detrimento do potencial interesse dos sócios em vender as suas ações: do qual se retira que a *intenção* dos mesmos é inviabilizar a possibilidade de os sócios consentirem na oferta de aquisição.

Reconhecendo a aplicação desta figura, quando os administradores violem o seu dever de neutralidade ficam sujeitos a responsabilidade civil perante os sócios – sujeitos que perderam a possibilidade de vender as suas ações em consequência do ato praticado pelos administradores em violação do seu dever. Todavia, à semelhança da responsabilidade civil perante a sociedade, isto só procede nos casos em que o administrador não tenha atuado porque a assembleia geral assim o deliberou. Aqui, mais uma vez, não haverá responsabilidade e consequente obrigação de indemnizar.

[219] Veja-se, a este propósito, KARL LARENZ, *Lehrbuch des Schuldsrechts*, cit., p. 227. Dando conta destas exigências, e de cujo estudo tomamos por referência, CATARINA PIRES CORDEIRO, "Algumas considerações críticas sobre a responsabilidade civil dos administradores perante os accionistas no ordenamento jurídico português", cit., p. 129.

5.3 A justa causa de destituição

Para além da eventual responsabilização dos membros do conselho de administração, quando os sujeitos que compõem aquele órgão pratiquem atos que tenham conduzido – ou pudessem ter conduzido – à retirada da oferta por parte do oferente, aqueles podem ser destituídos pelos sócios.

A regra no ordenamento jurídico português é a de que a assembleia geral pode destituir os administradores a qualquer momento, sem necessidade de justa causa para o efeito[220]. Neste sentido, qualquer administrador pode ser destituído, a todo o tempo – antes do término do seu mandato – por deliberação da assembleia geral, sem que esta tenha de invocar para o efeito qualquer motivo justificativo[221]. Esta solução é compreensível a dois tempos: por um lado, confere-se este amplo poder aos sócios uma vez que os administradores se encontram encarregues de dirigir os destinos da sociedade de que estes são proprietários. Na medida em que a maioria dos acionistas perda a confiança depositada nos seus administradores, não seria razoável, apesar da perda de confiança naqueles sujeitos, a manutenção dos mesmos em exercício de funções. Os sócios, proprietários da sociedade são os únicos que correm os riscos decorrentes da atividade daquela: foram os sócios que nela investiram com capital, suportando as eventuais perdas ou participando nos eventuais lucros. Acrescente-se que a sociedade é constituída para a prossecução do projeto empresarial comum dos sócios, cabendo a estas a delimitação do que é o interesse da sociedade. Assim, caberá a estes a escolha dos sujeitos ordenados a gerir e representar a sociedade, *no interesse dos sócios em coletivo.*

Por outro lado, a solução justifica-se na medida em que a sociedade pode querer alterar, a todo o tempo, a sua estratégia: neste sentido, a nomeação de novos administradores, poderá decorrer pelo facto de que os sujeitos que se encontram no cargo não deterem as qualidades necessárias – do ponto de vista dos sócios – para a mudança de estratégia crida pelos sócios

A justa causa, neste âmbito, releva apenas para a determinação da existência ou não de uma indemnização a prestar aos administradores destituídos.

220 Cfr. o artigo 403.º, n.º 1, do CSC.

221 A propósito da destituição dos administradores veja-se, entre outros, Diogo Lemos e Cunha, "A destituição de administradores de sociedades anónimas: em particular o alcance e o sentido da justa causa de destituição", in *ROA*, ano 78, n.º 2, abr.-jun. 2014 pp. 575-623. Referindo-se a esta possibilidade como "princípio geral", António Ferrer Correia/Vasco Lobo Xavier/Maria Ângela Coelho/António Caeiro, "Sociedade por quotas de responsabilidade limitada — Anteprojecto de lei (2.ª redacção e exposição de motivos)", in *Revista de Direito e Economia*, 3, 1977, p. 381.

Nos termos do artigo 403.º, n.º 4, do CSC («se a destituição não se fundar em justa causa o administrador tem direito a indemnização pelos danos sofridos, pelo modo estipulado no contrato com ele celebrado ou nos termos gerais de direito, sem que a indemnização possa exceder o montante das remunerações que presumivelmente receberia até ao final do período para que foi eleito»), o administrador destituído sem justa causa tem direito ao recebimento de uma indemnização. No caso em que um administrador pratique um ato, sem a prévia autorização da assembleia geral, suscetível de levar o oferente a retirar a oferta, independentemente da conceção sobre o que se deva entender por justa causa[222], estamos perante a violação de um dever específico que impende sobre os administradores e, assim, que constituirá justa causa para a sua destituição.

5.4 A vinculação da sociedade aos atos praticados pelo administrador sem prévia autorização da assembleia geral

Do artigo 182.º, n.º 1, em a articulação com o disposto no seu n.º 3, alínea b), resulta que o conselho de administração não pode praticar atos suscetíveis de alterar de modo relevante a situação patrimonial da sociedade que não se reconduzam à gestão normal da sociedade e que possam afetar de modo significativo os objetivos anunciados pelo oferente, quando estes sejam suscetíveis de consubstanciar uma alteração das circunstâncias ou façam espoletar uma condição mediante a qual o oferente possa retirar a oferta, sem que esses mesmos atos tenham sido previamente deliberados pela assembleia geral. A questão que se impõe, por último, prende-se com saber se a sociedade, praticando os administradores esses atos, sem a prévia autorização, fica vinculada aos atos praticados pelos seus administradores[223].

No que diz respeito às sociedades anónimas, o regime da vinculação dessas sociedades encontra-se estabelecido nos artigos 405.º, n.º 2, 408.º e 409.º, todos do CSC. De acordo com o n.º 1 deste último preceito «os atos praticados pelos administradores, em nome da sociedade e dentro dos poderes que

[222] Sobre a distinção, veja-se, por todos, António Menezes Cordeiro/A. Barreto Menezes Cordeiro, *Anotação ao artigo 403.º*, in *Código das sociedades comerciais anotado*, coord. António Menezes Cordeiro, Almedina, Coimbra, 2022, p. 1323.

[223] O tema foi já tratado entre nós por Alexandre de Soveral Martins, "Poderes dos administradores e OPA: "em bolandas" entre o art. 182.º do CVM e o art. 409.º do CSC", cit., pp. 104 e ss. veja-se ainda João Cunha Vaz, *A OPA e o controlo societário. A regra de não frustração*, cit., pp. 264 e ss.

a lei lhes confere, vinculam-na para com terceiros, não obstante as limitações constantes do contrato de sociedade ou resultantes de deliberações dos accionistas, mesmo que tais limitações estejam publicadas». Nos termos do seu n.º 2 «a sociedade pode, no entanto, opor a terceiros as limitações de poderes resultantes do seu objeto social, se provar que o terceiro sabia ou não podia ignorar, tendo em conta as circunstâncias, que o ato praticado não respeitava essa cláusula e se, entretanto, a sociedade o não assumiu, por deliberação expressa ou tácita dos accionistas».

O artigo 409.º, n.º 1, do CSC, à semelhança do seu paralelo para as sociedades por quotas (260.º, n.º 1, do CSC), visa os casos em que o administrador atue em nome da sociedade e *dentro dos poderes que a lei lhes confere*[224]. Estas são normas que se dirigem aos membros do órgão de gestão das sociedades porquanto é àqueles que cabe a representação da sociedade[225]. O que nos coloca uma primeira questão: o facto de a competência para autorizar a prática daqueles atos caber à assembleia geral, nos termos do artigo 182.º, n.º 3, alínea b), leva a que não se apliquem as normas do artigo 409.º do CSC? Isto é, na medida em que a competência para a autorização da prática dos atos, nos termos do artigo 182.º, n.º 3, alínea b), cabe à assembleia geral, não havendo essa deliberação e, ainda assim, praticando os administradores determinados atos proibidos nos termos do artigo 182.º, n.º 1, fica a sociedade vinculada a esses mesmos atos praticados sem autorização do órgão competente para o efeito? A discussão em torno da matéria referente à vinculação das sociedades é longa[226].

[224] A propósito da vinculação das sociedades nos termos destes artigos veja-se Pedro de Albuquerque, *A vinculação das sociedades comerciais anónimas e por quotas*, vol. I, By the Book, Lisboa, 2017; Jorge Coutinho de Abreu, "Diálogos com a jurisprudência, IV. Vinculação de sociedades", in *DSR*, ano 6, vol. 12, 2014, pp. 95-105; Rita Albuquerque, "A vinculação das sociedades anónimas e a limitação dos poderes de representação dos administradores", in *O Direito*, 2007, pp. 103-140; Luís Brito Correia, "Vinculação da sociedade", in *Novas perspectivas do direito comercial*, Almedina, Coimbra, 1988, p. 337-354; Tiago dos Santos Esteves, "Vinculação das sociedades anónimas e por quotas: notas sobre o seu regime jurídico", in *RDS*, 1-2, 2010, pp. 379-403; Alexandre de Soveral Martins, *Anotação ao artigo 409.º*, in *Código das sociedades comerciais em comentário*, vol. VI, coord. Jorge Coutinho de Abreu, Almedina, Coimbra, 2019, pp. 491-511.

[225] Cfr. Pedro Caetano Nunes, *Dever de gestão dos administradores de sociedades anónimas*, cit., pp. 193 e ss.

[226] A propósito da prestação de garantias por sociedades a dívidas de terceiros, veja-se Pedro de Albuquerque, "A vinculação das sociedades comerciais por garantia de dívidas de terceiros", in *ROA*, ano 55, vol. III, Lisboa, dezembro de 1995, pp. 689-711, bem como, "Da prestação de garantias por sociedades comerciais a dívidas de outras entidades", in *ROA*, ano 57, Lisboa, vol. I, janeiro de 1997, pp. 69-107; em diálogo direto com Carlos Osório de Castro, "Da prestação de garantias por sociedades a dívidas de outras entidades", in *ROA*, ano 56, vol. II, Lisboa, julho de 1996, pp. 565-593, também, "De novo sobre a prestação de garantia por sociedades a dívidas de outras entidades: luzes e sombras", in *ROA*, ano 58, vol. II, Lisboa, julho de 1998, pp. 823-858.

No que à questão acabada de colocar diz respeito, alguns autores, sustentam que, neste caso, atuando os administradores fora das competências que a lei lhes confere, se deverá aplicar as regras da representação sem poderes, nos termos do artigo 268.º do CC[227]. Neste sentido, ALEXANDRE DE SOVERAL MARTINS, sustenta que, «a lei pode estabelecer que um ato de representação só pode ser praticado após deliberação de outro órgão. Essa deliberação pode constituir um *consentimento* ou *autorização* para a prática de um ato *decidido por outro órgão*. Mas também pode consistir na própria tomada de *decisão por outro órgão*. Além disso, a lei pode exigir que, em certos casos, a sociedade só seja representada por outro órgão, cabendo aos membros deste o exercício dos poderes de representação. Faltando deliberação de outro órgão exigida por lei, o ato de representação praticado pelos administradores será *ineficaz em relação à sociedade* (art. 268.º, n.º 1, do CCiv., por analogia). Os administradores atuaram como representantes sem poderes»[228].

Para que se compreenda a questão agora colocada, importa desde logo distinguir a circunstância em que a deliberação da assembleia geral é *atributiva* da competência do órgão de administração, isto é, é a assembleia geral que atribui a competência ao órgão de gestão para a celebração daqueles negócios; e a circunstância de o órgão de administração *estar vinculado a não exercer* determinada competência *salvo* autorização pela assembleia geral – caso em que a deliberação é *autorizativa*. No primeiro dos casos, existe uma extensão da competência do órgão de gestão, colocando-se o problema a nível do plano externo; no segundo, o órgão de gestão é detentor da competência para a celebração do negócio, mas para a exercer deverá ter autorização da assembleia geral – isto é, o órgão de gestão tem plenos poderes de representação, sendo um problema do plano interno.

O ponto de partida deverá ser o de que a lei atribui aos administradores poderes tendencialmente plenos para representar a sociedade. É isto que resulta do artigo 405.º, n.º 2, do CSC. Todavia, e como acabámos de ver, do artigo 409.º, n.º 1, do CSC resulta que os atos praticados pelos administradores apenas vinculam a sociedade na medida em que estes ajam em nome da

[227] Cfr. ALEXANDRE DE SOVERAL MARTINS, "Poderes dos administradores e OPA: "em bolandas" entre o art. 182.º do CVM e o art. 409.º do CSC", cit., p. 106.

[228] Cfr. ALEXANDRE DE SOVERAL MARTINS, *Anotação ao artigo 409.º*, cit. pp. 491-492. Neste sentido, também JORGE COUTINHO DE ABREU, *Curso de direito comercial. Das sociedades*, cit., p. 570, denominando estes casos como casos de *condicionamento* de poderes: aqui a lei prescreve que certos atos dependem de deliberação dos sócios e, sem esta, não será legítima a intervenção dos administradores.

sociedade *e dentro dos poderes que a lei lhes confere.* A compreensão do disposto neste preceito não pode todavia ser feita sem que se atenda ao disposto no artigo 9.º da Diretiva (UE) 2017/1132 do Parlamento Europeu e do Conselho, de 14 de junho de 2017, pelo artigo 409.º é transposto[229].

Nos termos do n.º 1 do artigo 9.ª da Diretiva (UE) 2017/1132, «a sociedade vincula-se perante terceiros pelos atos realizados pelos seus órgãos, mesmo se tais atos forem alheios ao seu objeto social, a não ser que esses atos excedam os poderes que a lei atribui ou permite atribuir a esses órgãos». Neste sentido, e como escreve PEDRO DE ALBUQUERQUE, «[...]particularmente importante, para o nosso caso, é a referência feita na norma comunitária "*aos poderes que a lei atribui ou permite atribuir*". Ao utilizar esta expressão, a 1.ª Directiva abrange todos os poderes representativos de que o órgão seja dotado pela lei, *quer directamente quer indirectamente,* com a consequente vinculação da sociedade pela totalidade dos actos praticados ao abrigo desses poderes (incluindo os que ultrapassem a normal capacidade da sociedade como ela resulta do objecto social)»[230].

A interpretação que se faça do artigo 409.º do CSC deve, neste sentido, ser sistematicamente coerente[231] com aquilo estabelecido na 2.ª Diretiva[232]. Segundo o disposto na Diretiva (UE) 2017/1132, trata-se de «poderes que a lei confere *ou permite conferir*». É pacífico que a norma em questão visa a tutela da confiança dos terceiros no tráfego negocial, isto é o bem protegido pelo artigo 409.º. n.º 1 do CSC é a confiança dos terceiros com quem a sociedade

[229] Note-se que à data da entrada em vigor do Código das Sociedades Comerciais, esta matéria era regulada pela Diretiva 68/151/CEE do Conselho, de 9 de março de 1968, nomeadamente pelo artigo 9.º deste diploma cujo preceito é idêntico ao artigo 409.º do CSC.

[230] Cfr. PEDRO DE ALBUQUERQUE, "A vinculação das sociedades comerciais por garantia de dívidas de terceiros", cit., p. 694.

[231] É justamente isto que resulta das regras de interpretação, nos termos do artigo 9.º do CC, segundo o qual, no seu n.º 1 se estipula que « interpretação não deve cingir-se à letra da lei, mas reconstituir a partir dos textos o pensamento legislativo, *tendo sobretudo em conta a unidade do sistema jurídico,* as circunstâncias em que a lei foi elaborada e as condições específicas do tempo em que é aplicada».

[232] No sentido de que se deve interpretar extensivamente o disposto nos artigos 260.º, n.º 1 e 409.º, n.º 1, CARLOS OSÓRIO DE CASTRO, "Da prestação de garantias por sociedades a dívidas de outras entidades", cit., p. 587; ALEXANDRE DE SOVERAL MARTINS, *Anotação ao artigo 409.º*, cit., p. 492. Em sentido contrário, RAÚL VENTURA, *Sociedades por quotas,* III, p. 163, bem como RITA DE ALBUQUERQUE, "A vinculação das sociedades anónimas e a limitação dos poderes de representação dos administradores", cit., p. 116.

celebra negócios[233]. Está em causa a proteção da confiança de forma típica, na medida em que na sua base se encontra a assunção de que quem negoceia com um administrador em nome da sociedade tipicamente confia que esse administrador tem poderes representativos para a celebração do negócio e consequentemente para a produção dos efeitos jurídicos na esfera da sociedade que o negócio visa instituir[234].

Neste sentido, e retomando as palavras de PEDRO DE ALBUQUERQUE, «[...] este preceito [referindo-se ao artigo 9.º da 1.ª Diretiva] é bem claro ao estabelecer, *de forma vinculativa e insusceptível de ser contrariada pelos Estados membros,* que os actos praticados pelos órgãos das sociedades dentro dos poderes que a lei lhes confere ou *permite conferir – ou seja dentro dos poderes conferidos directa ou indirectamente, condicional ou incondicionalmente* – vinculam a sociedade mesmo quando estranhos ao objecto social. Nestes termos, a limitação da responsabilidade das sociedades, constante do artigo 409.º do CSC, por actos dos respectivos administradores ou gerentes não pode deixar de ser entendida em sentido restrito. A sociedade só não é vinculada pelo resultado da actuação dos seus órgãos quando eles não *couberem, simultaneamente, nos poderes que a lei confere ou permite conferir a tais órgãos, de forma directa ou indirecta.* Não basta, assim, uma proibição relativa, para libertar a sociedade dos compromissos assumidos pelos gerentes ou administradores. *É necessária uma proibição legal absoluta*»[235].

Também assim se pronunciou CARLOS OSÓRIO DE CASTRO, segundo o qual há que garantir que os terceiros «[...] podem confiar (...) em que os

[233] Neste sentido, veja-se, entre outros, ANTÓNIO MENEZES CORDEIRO, *Direito das sociedades,* I, cit., p. 762; MANUEL CARNEIRO DA FRADA, *Teoria da confiança e responsabilidade civil,* cit., pp. 371-372, n. 371; ALEXANDRE SOVERAL MARTINS, *Os poderes de representação dos administradores de sociedades anónimas,* cit., pp. 187-188; PEDRO PAIS DE VASCONCELOS, *Vinculação das sociedades comerciais,* cit., p. 93; PAULO OLAVO CUNHA, *Direito das sociedades comerciais,* cit., p. 780 e 886 e ainda RITA ALBUQUERQUE, "A vinculação das sociedades anónimas e a limitação dos poderes de representação dos administradores", in *O direito* 2007, ano 139, n.º 1, 2007, pp. 103-140, p. 119.

[234] Neste sentido, MANUEL CARNEIRO DA FRADA, *Teoria da confiança e responsabilidade civil,* cit., pp. 371-372, n. 371, segundo o qual «pode haver soluções inspiradas numa ideia de tutela da confiança típica de certas situações, sem que esta seja *expressis verbis* referida pelo legislador», como seria o caso do artigo 409.º do CSC onde «[...] o regime geral da inoponibilidade a terceiros das restrições aos poderes representativos dos administradores de sociedades tem por fundamento essencial a tutela da confiança dos terceiros na existência desses poderes, dada por tipicamente ocorrida quando contratam com um administrador».

[235] Cfr. PEDRO DE ALBUQUERQUE, "A vinculação das sociedades comerciais por garantia de dívidas de terceiros", cit., pp. 701-702. No mesmo sentido se pronuncia em *A vinculação das sociedades comerciais anónimas e por quotas,* cit., p. 981.

órgãos da sociedade têm o máximo de poderes de que podem abstractamente (ou legalmente) ser dotados»[236]. Trata-se, portanto, de normas que visam a tutela da confiança dos terceiros que contratam com a sociedade e, por isso, a prossecução desse fim só será obtido «se não se separar artificialmente poderes outorgados de forma incondicional (se é que os há) e poderes cujo exercício depende ou está condicionado por certos aspectos internos da vida das sociedades: *ambos são poderes conferidos por lei* e, portanto, segundo os artigos 260.º/1 e 409.º/1 do CSC, os atos realizados ao seu abrigo vinculam a sociedade»[237].

A questão está em saber se o que está verdadeiramente em causa é uma *restrição da competência* do conselho de administração ou antes uma *proibição de atuação* daquele órgão sem prévia autorização. No primeiro caso, estamos perante um cenário que se refere à competência para a produção de efeitos jurídicos na esfera da sociedade e que, por isso, tem relevância no plano externo; no segundo, movemo-nos no plano da licitude de exercício de uma competência que cabe ao conselho de administração e que, por isso, não lhe é atribuída pela deliberação da assembleia geral – que coloca problemas apenas no plano interno.

A norma resultante do artigo 182.º, n.º 1 não é, como temos vindo a salientar – apesar da epígrafe enganadora do artigo 182.º – uma norma limitadora da competência do conselho de administração, mas antes uma norma de conduta proibitiva: impõe um dever ao conselho de administração da sociedade visada de não praticar determinados atos de gestão que, à partida, poderiam praticar. Quando o artigo 182.º, n.º 3, alínea b) estabelece que para a prática daqueles atos proibidos nos termos do n.º 1, é necessária a autorização da assembleia geral, aquilo que está em causa é não a atribuição de competência ao conselho de administração, mas antes a autorização para a prática de atos que, à partida, aquele órgão poderia praticar se não fosse a proibição decorrente do n.º 1 do artigo 182.º.

Para além do mais, tal como resulta da Diretiva (UE) 2017/1132, mais precisamente do seu artigo 9.º, os atos praticados pelos administradores dentro

236 Cfr. Carlos Osório de Castro, "Da prestação de garantias por sociedades a dívidas de outras entidades", cit., p. 587.

237 Cfr. Pedro de Albuquerque, *A vinculação das sociedades comerciais anónimas e por quotas*, cit., p. 981. Neste sentido, a propósito do §82 AktG, Koch, in *Aktiengesetz*, cit., n. m. 32, sustenta que a exclusão de limitações ao poder de representação visa, justamente, a tutela do tráfego jurídico, porquanto os terceiros não têm de ter conhecimento sobre o plano interno da sociedade, devendo poder confiar que aquele com quem contrata tem poderes para o efeito.

dos poderes que a lei confere *ou permite conferir* vinculam a sociedade. Ora, a celebração de qualquer negócio em nome da sociedade compete aos administradores dessa mesma sociedade nos termos do artigo 405.º, n.º 2, do CSC, e, assim, a lei, em termos gerais, confere o poder de celebrar esses negócios àquele órgão. O conselho de administração tem tendencialmente *plenos* poderes de representação. Por outro lado, mesmo quando tenha o *dever* de não praticar determinados atos de gestão, como no caso do artigo 182.º, n.º 1, na medida em que se atribui a possibilidade de autorizar a prática desses atos proibidos à assembleia geral, nos termos do n.º 3, aliena b) do mesmo preceito, sempre poderá, mediante essa autorização, o conselho de administração praticar esses mesmos atos.

Se o que a norma do artigo 409.º, n.º 1, do CSC visa tutelar é a confiança dos terceiros que contratam com a sociedade, fazer depender essa tutela do conhecimento dos terceiros da existência de uma deliberação autorizativa da assembleia geral obstaculizaria a essa mesma tutela. Os terceiros não têm o ónus de saber o que se passa no plano interno da sociedade, nomeadamente se houve ou não deliberação da assembleia para autorizar a prática de determinados atos de gestão. Isto é, os terceiros que contratam com a sociedade não têm qualquer ónus de conhecimento quanto aos mecanismos internos do funcionamento da sociedade[238]. O artigo 409.º, n.º 1, do CSC visa justamente evitar a frustração dessa confiança dos terceiros que com a sociedade contratam.

Nos termos do artigo 409.º, n.º 1, os terceiros podem confiar que os administradores que em nome da sociedade se apresentem como tais pretendendo vincular a aquela têm plenos poderes para o fazer. No limite, o terceiro que com ela contrata não tem o ónus de saber se a sociedade está visada por uma OPA, e, mesmo que dessa circunstância tenha conhecimento, não têm o ónus de saber se o negócio em questão é suscetível de consubstanciar uma alteração das circunstâncias ou se preenche uma qualquer condição válida que permita ao oferente retirar a oferta e, por isso, que necessita de autorização por parte da assembleia geral. Em suma, o terceiro que com ela contrata não só não tem o ónus de conhecer a deliberação como não pode impender sobre si o ónus de saber se aquele concreto ato é suscetível de consubstanciar uma

[238] Neste sentido, como notado, Carlos Osório de Castro, "Da prestação de garantias por sociedades a dívidas de outras entidades", cit., p. 587; e Pedro de Albuquerque, "A vinculação das sociedades comerciais por garantia de dívidas de terceiros", cit., pp. 701-702.

alteração das circunstâncias ou fazer espoletar uma condição existente que permita ao oferente revogar a oferta.

Do exposto resulta que, a não ser que o terceiro se encontre de má fé, nos termos do artigo 409.º, n.º 2, do CSC, a sociedade ficará vinculada aos atos praticados pelos administradores sem a prévia deliberação autorizativa por parte da assembleia geral. Todavia, no limite, demonstrado que fica que esses atos podem consubstanciar uma alteração das circunstâncias ou preencher uma condição validamente estipulada, pode sempre revogar a oferta ou modificá-la.

Fica claro, nestes termos, a improcedência da argumentação *supra* de Alexandre de Soveral Martins. O facto de a prática daqueles concretos atos carecer de autorização – por via deliberativa – da assembleia geral, não obsta, como acabámos de ver, a que não se aplique o disposto nos artigo 409.º. Por outro lado, a remissão para o regime da representação sem poderes, nos termos do artigo 268.º do CC, comporta muitas dificuldades: nos termos do artigo 268.º, n.º 1, do CC «o negócio que uma pessoa, sem poderes de representação, celebre em nome de outrem é ineficaz em relação a este, se não for por ele ratificado», sendo que o seu n.º 4 estipula que «enquanto o negócio não for ratificado, tem a outra parte a faculdade de o revogar ou rejeitar, salvo se, no momento da conclusão, conhecia a falta de poderes do representante». Ora, nos termos deste regime, a tutela incidiria sobre a sociedade e não sobre o terceiro que negoceia com a sociedade. Contrariamente, nos termos do artigo 409.º do CSC, a tutela, como vimos, incide sobre o terceiro que contrata com a sociedade. Não se vislumbra uma razão justificativa válida para que se atribua uma tutela desmesuradamente superior aos terceiros que contratam com a sociedade nos termos do artigo 409.º do CSC face àquela conferida pelo artigo 268.º do CC. Nos termos deste último estar-se-ia a colocar o ónus sobre quem contrata com a sociedade de saber se o membro do órgão de gestão tem o poder de celebrar o negócio na sequência de uma autorização da assembleia geral: isto é, colocar-se-ia o ónus sobre o terceiro de saber se a assembleia geral autorizou ou não a prática daquele concreto ato.

BIBLIOGRAFIA

ABREU, Jorge Coutinho de, *Do abuso de direito*, Almedina, Coimbra, 1983.

—, "Diálogos com a jurisprudência I – Deliberações dos sócios abusivas e contrárias aos bons costumes", in *DSR*, ano 1, vol. 1, 2009, pp. 33-47.

— *Governação das sociedades comerciais*, Almedina, Coimbra, 2010

—, "Diálogos com a jurisprudência, IV. Vinculação de sociedades", in *DSR*, ano 6, vol. 12, 2014, pp. 95-105.

ABREU, Jorge Coutinho de/RAMOS, Maria Elisabete, *Anotação ao artigo 72.º*, in *Código das sociedades comerciais em comentário*, coord. Jorge Coutinho de Abreu, Almedina, Coimbra, 2021.

ALBUQUERQUE, Pedro de, *Direito de preferência dos sócios em aumentos de capital nas sociedades anónimas e por quotas*, Almedina, Coimbra, 1993.

—, "A vinculação das sociedades comerciais por garantia de dívidas de terceiros", in *ROA*, ano 55, vol. III, Lisboa, dezembro de 1995, pp. 689-711.

—, "Da prestação de garantias por sociedades comerciais a dívidas de outras entidades", in *ROA*, ano 57, Lisboa, vol. I, janeiro de 1997, pp. 69-107.

— *Os limites à pluri ocupação dos membros do conselho geral e de supervisão e do conselho fiscal*, Almedina, Coimbra, 2007.

—, *A vinculação das sociedades comerciais anónimas e por quotas*, vol. I, By the Book, Lisboa, 2017.

—, *O artigo 251.º do CSC como proibição genérica de atuação em conflito de interesses. O direito de voto dos sócios para consentimento da transmissão de quotas*, Almedina, Coimbra, 2022.

ALBUQUERQUE, Pedro de/GONÇALVES, Diogo Costa, "O impedimento do exercício do direito de voto como proibição genérica de atuação em conflito", in *RDS*, III, 3, 2011, pp. 660-676.

ALBUQUERQUE, Rita de, "A vinculação das sociedades anónimas e a limitação dos poderes de representação dos administradores", in *O Direito*, 2007, pp. 103-140.

ALMEIDA António Pereira, "Estrutura organizatória das sociedades", in *Problemas de direito das sociedades*, Coimbra, Almedina, 2002.

—, *Sociedades comerciais e valores mobiliários*, vol. II, Coimbra Editora, Coimbra, 2013.

ALTMEPPEN, Holger, "Neutralitätspflicht und Pflichtangebot nach dem neuen Übernahmerecht", in *ZIP*, 2001, pp. 1073-1084.

ANTUNES, José Engrácia, *Os direitos dos sócios da sociedade-mãe na formação e direcção dos grupos societários*, Porto, UCP, 1994.

ARMOUR, John/SKEEL, David A., "Who Writes the Rules for Hostile Takeovers, and Why? – The Peculiar Divergence of US and UK Takeover Regulation", ECGI Law Working Paper n.º 73/2006, pp. 1727-1794.

ASCENSÃO, José de Oliveira, *Direito civil. Teoria geral*, vol. I, Coimbra Editora, Coimbra, 2000.

—, *Direito comercial*, vol. IV, Dislivro, Lisboa, 2000.

— "Invalidades das deliberações dos sócios", in *Problemas do Direito das* Sociedades, Almedina, Coimbra, 2002, pp. 371-398

BASTOS, Miguel Brito, *Ascibing Teleologies to Legal Norms. The Separations of Law and Morals, the Role of Coherence and the Role of Factual Premises in the Construction of Teleological Arguments*, apresentado no *III Lisbon Meeting on Legal Theory. Uncertainty in Law*, 28 de junho de 2019.

BAYER, Walker, "Vorsorge und präventive Abwehrmaßnahmen gegen feindliche Übernahmen", in *ZGR*, 2002, 588-622.

BECKER, Dietrich, "Verhaltenspflichten des Vorstands der Zielgesellschaft bei feindlichen Übernahmen", in *ZHR*, 165, 2001, pp. 280-287.

BERGLÖF, Erik/BURKART, Mike, "European Takeover Regulation", in *Economic Policy*, vol. 36, 2003, pp. 171-213.

BRANDI, TIM OLIVER, in *Wertpapiererwerbs- und Übernahmegesetz (WpÜG)*, hsrg. Angerer/Geibel/Süßmann, 3. Auflage, 2017, §33.

CAHN, Andreas/SENGER, Michael, "Das Gesetz zur Regelung von öffentlichen Angeboten zum Erwerb von Wertpapieren und Unternehmensübernahmen", in *FB*, 2002, pp. 277-295.

CÂMARA, Paulo, "O governo das sociedades e a reforma do Código das Sociedades Comerciais", in *Código das Sociedades Comerciais e o governo das sociedades*, Almedina, Coimbra, 2008, pp. 4-107.

—, "As ofertas públicas de aquisição", in *Aquisição de empresas*, Coimbra Editora, Coimbra, 2011, pp. 157-210.

—, *Manual de Direito dos Valores Mobiliários*, Almedina, Coimbra, 2018.

CANARIS, Claus-Wilhelm, "Haftung Dritter aus positiver Forderungsverletzung", in *VersR*, 1965.

—, "Autoria e participação na *culpa in contrahendo*", in *Revista de direito e economia*, 1990, pp. 5-42.

Cardoso, José Pires, *Problemas do anonimato: Fiscalização das sociedades anónimas*, 2, Lisboa, Empresa Nacional de Publicidade, 1943.

Castro, Carlos Osório de, "Da prestação de garantias por sociedades a dívidas de outras entidades", in *ROA*, ano 56, vol. II, Lisboa, julho de 1996, pp. 565-593.

—, "De novo sobre a prestação de garantia por sociedades a dívidas de outras entidades: luzes e sombras", in *ROA*, ano 58, vol. II, Lisboa, julho de 1998, pp. 823-858.

Castro, Carlos Osório de/Castro, Gonçalo Andrade e, "A distribuição de lucros a trabalhadores de uma sociedade anónima, por deliberação da assembleia geral", *O Direito*, 2005, pp. 57-80.

Coelho, Eduardo de Melo Lucas, *Direito de voto dos acionistas nas assembleias gerais das sociedades anónimas*, 1987.

Cordeiro, A. Barreto Menezes, *Manual de direito dos valores mobiliários*, Almedina, Coimbra, 2018.

Cordeiro, António Menezes, "Da alteração das circunstâncias: a concretização do artigo 437.º do código civil, à luz da jurisprudência posterior a 1974", in *Separata dos Estudos em Memória do Prof. Doutor Paulo Cunha*, AAFDL, Lisboa, 1987.

—, "Da tomada de sociedades (*takeover*): efectivação, valoração e técnicas de defesa", in *ROA*, ano 54, vol. III, 1994, pp. 761-777.

—, *Da responsabilidade civil dos administradores das sociedades comerciais*, Lex, Lisboa, 1997.

—, "Ofertas públicas de aquisição", in *Direito dos Valores Mobiliários*, Lex, Lisboa, 1997, pp. 267-290.

—, "A 13.ª Directriz do Direito das Sociedades (Ofertas Públicas de Aquisição)", in *ROA*, ano 64, vol. I/II, 2004, pp. 97-111.

—, "A lealdade no direito das sociedades", in *ROA*, ano 66, 2006, pp. 1034-1065.

—, *Manual de Direito das Sociedades, II, Das sociedades em especial*, Coimbra, Almedina, 2007.

—, *SA: assembleia geral e deliberações sociais*, Almedina, Coimbra, 2007.

—, *Tratado de direito civil português*, vol. II, tomo IV, Almedina, Coimbra, 2010.

—, *Tratado de direito civil português*, vol. I, Almedina, Coimbra, 2012.

—, *Tratado de direito civil. Direito das obrigações. VIII*, Almedina, Coimbra, 2014.

—, *Da boa fé no direito civil*, Almedina, Coimbra, 2017.

—, *Anotação ao artigo 437.º*, in *Código civil comentado*, vol. II, Das obrigações em geral, Almedina, Coimbra, 2021, pp. 270-284.

Cordeiro, António Menezes/Cordeiro, A. Barreto Menezes Cordeiro, *Anotação ao artigo 403.º*, in *Código das sociedades comerciais anotado*, coord. António Menezes Cordeiro, Almedina, Coimbra, 2022.

Cordeiro, Catarina Monteiro Pires, "Algumas considerações críticas sobre a responsabilidade civil dos administradores perante os accionistas no ordenamento jurídico português", in *O Direito*, 137, 2005, pp. 81-135.

Correia, António Ferrer/Xavier, Vasco Lobo/Coelho, Maria Ângela/Caeiro, António, "Sociedade por quotas de responsabilidade limitada — Anteprojecto de lei (2.ª redacção e exposição de motivos)", in *Revista de Direito e Economia*, 3, 1977, p. 381-401.

Correia, Luís Brito, "Vinculação da sociedade", in *Novas perspectivas do direito comercial*, Almedina, Coimbra, 1988, p. 337-354.

—, *Direito Comercial*, II, *Sociedades Comerciais*, AAFDL, 1989.

Cossu, Monica, *Società aperte e interesse sociale*, Giappichelli Editore, Torino, 2006.

Costa, Mariana Fontes da, *Da alteração superveniente das circunstâncias – em especial à luz dos contratos bilateralmente comerciais*, Almedina, Coimbra, 2019.

Costa, Ricardo, "A *business judgment rule* na responsabilidade societária: entre a razoabilidade e a racionalidade", in *Estudos dispersos*, Almedina, Coimbra, 2020, pp. 7-34.

Coventry, Kenny R./Cangelosi, Angelo/Newstead, Stephen E./Bugmann, David, "Talking about quantities in space: vague quantifiers, context and similarity", in *Language and Cognition*, Walter de Gruyter, 2010, pp. 221-241.

Cunha, Diogo Lemos e, "A destituição de administradores de sociedades anónimas: em particular o alcance e o sentido da justa causa de destituição", in *ROA*, ano 78, n.º 2, abr.-jun. 2014 pp. 575-623.

Cunha, Paulo Olavo, *Deliberações sociais: formação e impugnação*, Almedina, Coimbra, 2020.

—, *Impugnação de deliberações sociais*, Almedina, Coimbra, 2015.

Davies, Paul / Schuster, Edmund-Philipp / Ghelcke, Emilie van de Walle, "The Takeover Directive as a Protectionist Tool?", Law Working Paper n.º 141/2010, February 2010.

Dias, Gabriela Figueiredo, *Fiscalização de sociedades e responsabilidade civil (após a reforma do código das sociedades comerciais)*, Coimbra Editora, Coimbra, 2006.

Dimke, Andreas/Heiser, Kristian, "Neutralitätspflicht, Übernahmegesetz e Richtlinienvorschlag 2000", in *NZG*, 2001, pp. 241-259.

Drescher, Ingo, *Grosskommentar zum Aktiengesetz*, (hrsg. Henssler/Spindler/Stilz), 2022, §243.

Drygala, Tim, "Die neue deutsche Übernahmeskepsis und ihre Auswirkungen auf die Vorstandspflichten nach § 33 WpÜG", in *ZIP*, 2001.

Duarte, David, *A norma de legalidade procedimental administrativa. A teoria da norma e a criação de normas de decisão na discricionariedade instrutória*, Almedina, Coimbra, 2006.

Duarte, Diogo Pereira, "A regulação contratual do risco e a alteração das circunstâncias, a propósito dos *swaps*", in *RDS*, ano VII, vol. 1, 2015 pp. 189-235.

—, *Anotação ao artigo 259.º*, in *Código das sociedades comerciais anotado*, coord. António Menezes Cordeiro, Almedina, Coimbra, 2022.

Easterbrook, Frank/Fischel, Daniel, "The Proper Role of a Target's Management in Responding to a Tender Offer", in *HLR*, 94, 1981.

Ebenroth, Carsten Thomas/Daum, Thomas, "Die Kompetenzen des Vorstands einer Aktiengesellschaft bei der Durchführung und Abwehr unkoordinierter Übernahmen", in *DB*, 1991, 1105-1111.

Edwards, Vanessa, "The Directive on Takeover Bids. Not Worth the Paper It's Written On?", in *European Company and Financial Law Review*, vol. 1, n.º 4, 2004.

Ehmann, Erik, *Aktiengesetz*, (hrsg. Grigoleit), 2. Auflage 2020, §243.

Eickelberg, Jan, *Die Zulässigkeit von Unternehmensspenden. Aktien rechtliche Grenzen und Hadlunggsoptionen für Vorstand und Aufsichtsrat*, Nomos, 2016.

Ekkenga, Jens, "§ 33 WpÜG: Neutralitätsgebot und Grundsatz der Abwehrbereitschaft?", in *Festschrift für Siegfried Kümpe l*, 2003, pp. 95-110.

Englisch, Lutz, in *Aktiengesetz*, (hersg. Hölters/Weber), 4. Auflage 2022, §243.

Estaca, José Marques, *O interesse da sociedade nas deliberações sociais*, Almedina, Coimbra, 2003.

Esteves, Tiago dos Santos, "Vinculação das sociedades anónimas e por quotas: notas sobre o seu regime jurídico", in *RDS*, 1-2, 2010, pp. 379-403.

Fernandes, Luís Carvalho, *A teoria da imprevisão no Direito civil português*, Lisboa, Quid Iuris, 2001.

Ferreira, Manuel Requicha, *Acordos de aceitação e de não-aceitação de OPA*, Almedina, Coimbra, 2015.

Festas, David Oliveira, *Das inibições de voto dos sócios por conflito de interesses com a sociedade nas sociedades anónimas e por quotas*, policopiado, 2015.

—, "As competências não escritas dos acionistas em matérias de administração", in *RDS*, ano XIV, 2 (julho-dezembro), 2022, pp. 197-218.

Finkenauer, Thomas, in *Münchener Kommentar zum BGB*, C.H. Beck, München, 2019, § 313.

Flashoff, Fabian Eike, *Die Beweislastverteilung bei der Organhaftung. Zur Reichweite der Beweislastregel §93 Abs. 2 Satz 2 AktG un der Business Judgment Rule als 'presumption' deutscher Bauart*, Mohr Siebeck, 2022.

Fleischer, Holger, "Zur Leitungsaufgabe des Vorstands im Aktienrecht", in *ZIP*, 1/2003, pp. 1-11.

Fleischer, Holger/Kalss, Susanne, *Das neue Wertpapierewerbs- und Übernahmegesetz*, Beck, München, 2012, §33.

FLUME, Werner, *Die Rechtsprechung des II. Zivilsenats des BGH zur Treupflicht des GmbH--Gesellschafters und des Aktionärs*, in *ZIP*, 1995, p. 161-167.

FRADA, Manuel Carneiro da, *Alteração das circunstâncias e justiça do contrato*, Principia, 2021.

—, "A *business judgment rule* no quadro dos deveres gerais dos administradores", in *Forjar o Direito*, Almedina, Coimbra, 2019, pp. 321-365.

—, *Contrato e deveres de protecção*, Almedina, Coimbra, 1994.

—, "Deliberações sociais inválidas no novo código das sociedades", in *Novas perspectivas do direito comercial*, 1988, pp. 315-336.

—, *Renovação de deliberações sociais*, Separata do vol. LXI do Boletim da Faculdade de Direito da Universidade de Coimbra, 1987.

FRADA, Manuel Carneiro da / GONÇALVES, Diogo Costa, "Perda da qualidade de sociedade aberta (*delisting* de ações) e tutela dos acionistas minoritários", in *RDS* VII (2015).

FRAGOSO, Luís, "A OPA inibitória e a limitação de poderes da sociedade visada. O art. 182.º do CVM", março de 2005, disponível em verbojuridico.net.

FRANÇA, Maria Augusta, *A estrutura das sociedades anónimas em relação de grupo*, Lisboa, AAFDL, 1990.

FURTADO, Jorge Pinto, *Deliberações de sociedades comerciais*, Almedina, Coimbra, 2005.

GALGANO, Francesco, *La Società per Azioni*, Padova, 1984.

—, "Il nuovo diritto societário", in *Trattato di diritto commerciale e di diritto pubblico dell'economia*, diretto da Galgano, XXIX, I, seconda ed., Padova, 2004.

GARCIA, Augusto Teixeira, "OPA. Da oferta pública de aquisição e seu regime jurídico", in *Studia Iuridica*, 11, BFDUC, Coimbra Editora, Coimbra, 1995.

GAUGHAN, Patrick, *Mergers, Acquisitions, and Corporate Restructurings*, 7.ª ed., University Editions, Johan Wiley Corporate F&A, 2017.

GIÃO, João Sousa, *A neutralização de medidas defensivas preventivas no contexto de uma oferta pública de aquisição*, Relatório de Mestrado, policopiado, 2007.

—, "Conflitos de Interesses entre Administradores e os Accionistas na Sociedade Anónima: Os Negócios com a Sociedade e a Remuneração dos Administradores", in *Conflitos de Interesses no Direito Societário e Financeiro. Um Balanço a partir da Crise Financeira*, Almedina, Coimbra, 2010, pp. 215-291

GOMES, José Ferreira, "Conflitos de interesse entre accionistas nos negócios celebrados entre a sociedade anónima e o seu accionista controlador", in *Conflitos de interesses no direito societário e financeiro. Um balanço a partir da crise financeira*, Almedina, Coimbra, 2010, pp. 75-213.

—, "A discricionariedade empresarial, a *business judgment rule* e a celebração de contratos de *swap*", in *Cadernos do Mercado de Valores Mobiliários*, vol. 51, n.º 2, 2015, pp. 57-98.

—, *Da administração à fiscalização das sociedades. A obrigação de vigilância dos órgãos da sociedade anónima*, Almedina, Coimbra, 2015.

—, "Contratos de M&A em tempos de pandemia: impossibilidade, alteração das circunstâncias e cláusulas MAC, *hardship* e força maior", in *BFDUL*, 61, 1, 2020, pp. 365-390.

—, "Responsabilidade civil dos administradores: ilicitude e culpa", in *Administração e governação de sociedades*, coord. Paulo Câmara, Almedina, Coimbra 2020, pp. 279-307.

Gomes, José Ferreira/Gonçalves, Diogo Costa, *Manual de sociedades abertas e de sociedades cotadas*, vol. I, Almedina, Coimbra, 2018.

Grigoleit/Herrler, in *Aktiengestz*, 2. Auflage, 2020, §119.

Guedes, Agostinho Cardoso, "A limitação dos poderes dos administradores das sociedades anónimas operada pelo objeto social no novo Código das Sociedades Comerciais, in *RDE*, 1987, pp. 144-152.

Guiné, Orlando Vogler, "A transposição da Directiva 2004/25/CE e a limitação dos poderes do órgão de administração da sociedade visada", in *Cadernos do Mercado de Valores Mobiliários*, n. 22, dezembro 2005, pp. 21-46.

—, *Da conduta (defensiva) da administração "opada"*, Almedina, Coimbra, 2009

Heiser, Kristian, *Interessenkonflikte in der Aktiengesellschaft und ihre Lösung am Beispiel des Zwangsangebots. Das Spannungsfeld zwischen Unternehmer und Anlegerinteressen – ein Vorschlag zur Harmonisierung von Aktien- und Kapitalmarktrecht*, Hamburg, 1999.

Hill, Jennifer G., "Takeovers, Poison Pills and Protectionism in Comparative Corporate Governance", Law Worjing Paper n.º 168/2010, November, 2010, University of Sydney.

Hopt, Klaus, "Aktionärskreis und Vorstandsneutralität" in *Zeitschrift für Unternehmens- und Gesellschaftsrecht*, 1993, 534-566.

—, "Takeover Regulation in Europe. The battle for the 13th directive on takeovers", in *Australian Journal of Corporate Law*, vol. 15, 2002.

—, "Verhaltenspflichten des Vorstands der Zielgesellschaft bei feindlichen Übernahmen", in *Deutsches und europäisches Gesellschafts-, Konzern- und Kapitelmarktrecht, Festschrift für Marcus Lutter zum 80. Geburtstag*, Schneider, Uwe/Hommelhoff, Peter/Schmidt, Karsten/Timm, Wolfram/Grunewald, Barbara/Drygala, Tim (Hrsg.), Köln 2000, pp. 1361-1400.

Hübert, Ivens Henrique, *Sorgfaltskonforme Prognosen und Pflichten der Geschäftsleiter im Vorfeld der Insolvenz: Ein Beitrag mit rechtsvergleichenden Bezgen (Schriften zum Insolvenzrecht 65)*, Nomos, 2018.

Jaeger, Peri Giusto, *L'Interesse Socieale*, Milão, 1964.

JARILLO, Maria, "Las normas de conducta de los administradores de las sociedades de capital", in *Collección Biblioteca de Derecho de los Negocios*, La Ley, 2002.

JENSEN, Michael C., "Takeovers: Their Causes and Consequences", in *Journal of Economics Perspectives*, 1988, vol. 2, n.º 1, pp. 21-48.

JÚDICE, José Miguel/ANTAS, Maria Luísa/FERREIRA, António Artur/PEREIRA, Jorge de Brito, *Ofertas Públicas de Aquisição. Legislação comentada*, Tipografia Guerra, Viseu, 1992.

KALSS, Susanne/KLAMPFL, Christoph, in *Handbuch des EU-Wirtschaftsrechts Werkstand*, hsrg. Dauses/Ludwigs, 2022, §33ª.

KOCH, Jens, in *Aktiengesetz*, 16. Auflage 2022, §243.

—, in *Aktiengesetz*, 16. Auflage, 2022, §119

KRAUSE, Hartmut/PÖTZSCH, Thorsten, "Andlungen des Vorstands der Zielgesellschaft", in *Wertpapiererwerbs- und Übernahmegesetz Kommentar*, hsgr. Heinz-Dieter Assmann, Thorsten Pötzsch, Uwe Schneider, Verlag Dr. Otto Schmidt, 2005.

KIEM, Roger, "Der Hauptversammlungsentscheid zur Legitimation von Abwehemassnahmen nach dem neuen Übernahmegesetz", in *ZIP*, 35, 2000.

KUBIS, in *Münchener Kommentar zum Aktiengesetz*, 5. Auflage, 2022, §119.

LAMBERT, Claude, *Das Gesellschaftsinteresse als Verhaltensmaxime des Verwaltungsrates der Aktiengesellschaft (Abhandlungen zum schweizerischen Recht ASR)*, Stämpfli Verlag, 1992.

LARENZ, Karl, *Lehrbuch des Schuldsrechts, Allgemeneiner Teil*, München, 1987.

—, *Metodologia da ciência do Direito*, tradução de José Lamego, Fundação Calouste Gulbenkian, 2012.

LEAL, Eduardo Sáragga, "O poder de gestão dos acionistas nas sociedades anónimas", in *RDS*, ano 5, vol. 9, 2013, pp. 247-291.

LEITÃO, Luís Menezes, "As medidas defensivas contra uma oferta pública de aquisição hostil", in *Direito dos valores mobiliários*, vol. VII, Coimbra, Editora, Coimbra, 2007, pp. 57-76.

LIPTON, Martin, "Takeover Bids in the Target's Boardroom", in *The Business Lawyer*, 35, Bus.Law, 1979.

LOHSE, Andrea, *Unternehmerisches Ermessen. Zu den Aufgaben und Pflichten von Vorstand und Aufsichtsrat*, Mohr Siebeck, 2005.

MAIA, Pedro, *Função e funcionamento do conselho de administração da sociedade anónima*, STVDIA IVRIDICA, Coimbra Editora, 2002.

—, "Deliberações dos sócios e respectiva documentação: algumas reflexões", in *Nos 20 anos do Código das Sociedades Comerciais. Homenagem aos Professores Doutores A. Ferrer Correia, Orlando de Carvalho e Vasco Lobo Xavier*, I, Coimbra, Coimbra Editora, 9.ª ed., 2007, pp. 651-691.

—, "Deliberações dos sócios", in *Estudos de direito das sociedades*, coord. Jorge Coutinho de Abreu, Almedina, Coimbra, 2015, pp. 223-254.

—, "Tipos de sociedades comerciais", in *Estudos de direito das sociedades*, coord. Jorge Coutinho de Abreu, Almedina, Coimbra, 2015, pp. 13-39.

—, *Voto e corporate governance. Um novo paradigma para a sociedade anónima*, Almedina, Coimbra, 2019.

Maier-Reimer, Georg, , "Verhaltenspflichten des Vorstands der Zielgesellschaft bei feindlichen Übernahmen", in *Zeitschrift für das gesamte Handelsrecht und Wirtschaftsrecht 165*, 2001, pp. 258-279.

Martins, Alexandre de Soveral, *Os poderes de representação dos administradores de sociedades anónimas*, Coimbra Editora, Coimbra, 1998.

—, "A responsabilidade dos membros do conselho de administração por actos ou omissões dos administradores delegados ou dos membros da comissão executiva", in *BFDUC*, 2002.

—, *Anotação ao artigo 260.º*, in *Código das sociedades comerciais em comentário*, vol. IV, coord. Jorge Coutinho de Abreu, Almedina, Coimbra, 2017.

—, "Poderes do administradores e OPA: «em bolandas» entre o art. 182.º do CVM e o art. 409.º CSC", in *DSR*, ano 9, vol. 17, março de 2017, Almedina, Coimbra, pp. 87-111.

— *Anotação ao artigo 405.º*, in *Código das Sociedades Comerciais em comentário*, Volume VI, coord. Jorge Coutinho de Abreu, Almedina, Coimbra, 2019.

—, *Anotação ao artigo 409.º*, in *Código das sociedades comerciais em comentário*, vol. VI, coord. Jorge Coutinho de Abreu, Almedina, Coimbra, 2019.

—, *Administração de sociedades anónimas e responsabilidade dos administradores*, Almedina, Coimbra, 2020.

Matos, Albino, *Constituição de sociedades*, Almedina, Coimbra, 2001.

Mignoli, Ariberto, "L'Interesse Sociale", in *Rivista delle Società*, Milão, 1958, pp. 725-763.

Monteiro, António Sinde/Sá, Almeno de, "Do combate a uma OPA em curso", in *RJUM*, n.º 1, 1998, pp. 407-459.

Neves. Diogo Bordeira/Rocha, Filipe Afonso, "Alteração das circunstâncias, cláusulas MAC e mecanismos de condicionalidade em OPAs", in *RDFMC*, 2, 2021, pp. 537-570.

Noack, Ulrich/Holzborn, Timo, in *Kapitalmarktrechts Kommentar*, hsrg. Schwark/Zimmer, 5. Auflage 2020, §18.

Nunes, Pedro Caetano, *Responsabilidade civil dos administradores perante os accionistas*, Almedina, Coimbra, 2001.

—, *Dever de gestão dos administradores de sociedades anónimas*, Almedina, Coimbra, 2012.

Oliveira, Ana Perestrelo de, *A responsabilidade civil dos administradores nas sociedades em relação de grupo*, Almedina, Coimbra, 2007.

—, *Grupos de sociedades e deveres de lealdade. Por um critério «unitário de solução de "conflitos de grupos"*, Almedina, Coimbra, 2012.

—, *Manual de governo das sociedades*, Almedina, Coimbra, 2017.

—, *Desvinculação programada do contrato*, Almedina, Coimbra, 2021.

—, "Papel e competência da assembleia geral da sociedade anónima no Código das Sociedades Comerciais", in *RDS*, ano XIV, 2 (julho-dezembro), 2022, pp. 171-196

Oliveira, Madalena Perestrelo de, *Tutela do investidor perante o emitente no mercado de capitais: um modelo dinâmico de proteção*, Almedina, Coimbra, 2021.

Oliveira, Nuno Manuel Pinto, *Princípios de direito dos contratos*, Coimbra Editora, Coimbra, 2011.

—, *Responsabilidade civil dos administradores. Entre o direito civil, direito das sociedades comerciais e direito da insolvência*, Coimbra Editora, Coimbra, 2015.

—, "Em tema de alteração das circunstâncias: a prioridade da adaptação/modificação sobre a resolução do contrato", in *Edição comemorativa do cinquentenário do Código Civil*, coord. Elsa Vaz de Sequeira e Fernando Olavo e Sá, Universidade Católica Editora, Lisboa, 2017, pp. 255-311.

Peczenik, Aleksander, *On law and reason*, 2.nd edition, Springer, 2008.

Pereira, Jorge Brito, "A limitação dos poderes da sociedade visada durante o processo de OPA", in *Direito dos Valores Mobiliários*, vol. II, Coimbra Editora, Coimbra, 2000, pp. 175-202.

Pfertner, Bernd, *Unternehmerische Entscheidungen des Vorstands. Anwendungsbereich und Stellenwert der 'Business Judgment Rule' des §93 Abs. 1 S. 2 AktG*, Mohr Siebeck, 2017.

Pinto, Paulo Mota, *Interesse contratual negativo e interesse contratual positivo*, vol. I, Coimbra Editora, Coimbra, 2009.

Reis, Nuno Trigo, "Os deveres de lealdade dos administradores de sociedades comerciais", in *Temas de direito comercial*, Almedina, Coimbra, 2009, pp. 279-419.

—, "As obrigações de votar segundo instruções de terceiro no Direito das sociedades", in *RDS* ano III, vol. 2 , 2011, pp. 403-572.

Rodrigues, Ilídio Duarte, *A administração das sociedades por quotas e anónimas. Organização e estatuto dos administradores*, Lisboa, Petrony, 1990.

Rocconi, Louis M./Dumford, Amber D./Bulter, Brenna, "Examining the Meaning of Vague Quantifiers in Higher Education: How Often is «Often»", in Research in Higher Education, Springer, Association for Institutional Research, vol. 61(2), 2020, pp. 229-247.

ROSENBERG, David, "Galactic Stupidity and the Business Judgment Rule", in *Journal of Corporation Law*, 32, 2006-2007, pp. 301-332.

ROTH, Markus, *Unternehmerisches and Haftung des Vorstand. Handlungsspielräume und Haftungsrisiken insbesondere in der wirtschaftlichen Krise*, Verlag C.H. Beck, München, 2001.

SÁ. Fernando Oliveira e, "Cláusulas Material Adverse Change (MAC) em contratos de compra e venda de empresas", in *Estudos em Memória do Professor Doutor Paulo M. Sendin*, Direito e Justiça, 2012, pp. 427-444.

SANTO, João Espírito, *Sociedades por quotas e anónimas. Vinculação: objeto social e representação plural*, Almedina, Coimbra, 2000.

SANTOS, Filipe Cassiano, *Estrutura associativa e participação societária capitalística*, Coimbra Editora, Coimbra, 2003.

SCHÄFER, Carsten, in *Münchener Kommentar zum Aktiengesetz*, 5. Auflage 2021, §243.

SCHLITT, Michael, in *München Kommentar zum Aktiengesetz*, 5. Auflage 2021, WpÜG § 33ª.

SCHRÖDER, Oliver/NIGGEMANN, Peter, in *Münchener Anwaltshandbuch Aktienrecht*, hsrg. Schüppen/Schaub, 3. Auflage 2018, §33ª.

SERRA, Adriano Vaz, "Assembleia geral", in *BMJ*, n.º 197, 1970.

SERVATIUS, *Wolfgang, Strukturmaßnahmen als Unternehmensleitung*, Carl Heymanns Verlag Köln, Berlin, München, 2004.

SILVA, João Calvão da, "Acordo parassocial respeitante à conduta da administração e à divisão de poderes entre órgãos sociais", in *Estudos jurídicos (pareceres)*, Almedina, Coimbra, 2001, pp. 235-254.

—, "Conflito de interesses e abuso do direito nas sociedades", in *Estudos jurídicos (pareceres)*, Almedina, Coimbra, 2001, pp. 109-112.

—, "Corporate governance: responsabilidade civil de administradores não executivos, da comissão de auditoria e do conselho geral e de supervisão", in *RLJ*, ano 136, 2006, pp. 31-59.

SILVA, João Soares da, "Responsabilidade civil dos administradores de sociedades: os deveres gerais e os princípios da *corporate governance*", in *ROA*, ano 57, n.º 2, abril de 1997, pp. 605-628.

SILVA, Paula Costa e, "Ofertas públicas e alteração das circunstâncias", in *Direito dos Valores Mobiliários*, vol. IV, Coimbra Editora, Coimbra, 1999, pp.127-147.

—, "Ofertas públicas", in *Direito dos Valores Mobiliários e dos Mercados de Capitais – Angola, Brasil e Portugal*, coord. A. Barreto Menezes Cordeiro e Francisco Satiro, Almedina, Coimbra, 2019, pp. 157-184.

—, *Direito dos Valores Mobiliários*. Relatório, Lisboa, 2005.

SOARES, António/PINTO, Rita Oliveira, "Os deveres do órgão de administração da sociedade visada na pendência de uma oferta pública de aquisição", *Estudos em homenagem ao Professor Doutro Carlos Ferreira de Almeida*, vol. I, Almedina, Coimbra, 2011, pp. 861-877.

TRETTER, Alexandra, in *Münchener Anwaltshandbuch Aktienrecht*, hsrg. Schüppen/ Schaub 3. Auflage 2018, §33a.

TRIUNFANTE, Armando, *A tutela das minorias nas sociedades anónimas. Direitos individuais*, Coimbra Editora, Coimbra, 2004.

VASCONCELOS, Pedro Pais de, *A participação social nas sociedades comerciais*, Almedina, Coimbra, 2006.

—, "*A business judgment rule*, deveres de cuidado e de lealdade, ilicitude e culpa e o artigo 64.º do Código das Sociedades Comerciais", in *I Congresso Direito das Sociedades em* Revista, Almedina, Coimbra, 2009, pp. 41-79.

—, "Responsabilidade civil dos gestores das sociedades comerciais", in *DSR*, n.º 1, 2009, pp. 11-32

VASCONCELOS, Pedro Pais de/VASCONCELOS, Pedro Leitão Pais de, *Teoria geral do direito civil*, Coimbra, 2019.

VAZ, João Cunha, *A OPA e o controlo societário. A regra de não frustração*, Almedina, Coimbra, 2013.

VENTURA, Raúl, *Sociedades por quotas. Comentário ao Código das Sociedades Comerciais*, vol. II, Almedina, Coimbra, 1989.

—, *Estudos vários sobre sociedades anónimas. Comentário ao Código das Sociedades Comerciais*, Almedina, Coimbra, 1992.

VENTURA, Raúl/CORREIA, Luís Brito, "Responsabilidade civil dos administradores de sociedades anónimas e dos gerentes de sociedades por quotas", in *BMJ*, n.º 192, 1970, pp. 368-399.

XAVIER, Vasco Lobo, *Anulação de deliberação social e deliberações conexas*, Almedina, Coimbra, 1999.

ZÖLLNER, Wolfgang, *Die Schranken mitgliedschaftlicher Stimmrechtsmacht bei den privatrechtlichen Personenverbänden*, Beck: München, 1963.